新特産シリーズ

アボカド

露地でつくれる熱帯果樹の栽培と利用

米本仁巳＝著

農文協

まえがき

アボカドは一九一五（大正四）年にアメリカ農務省より静岡市清水区興津の園芸試験場興津支場に導入されたが、寒波により枯死してしまった。その後、一九三七（昭和十二）年ころに和歌山県新宮市の十井春作・種吉兄弟が、一九五四（昭和二十九）年に和歌山市の井上潤二氏がカリフォルニアから導入した。その樹は現在でも結実している。

アボカドは世界一栄養価の高い果実である。近年、熱帯果実の栄養価や機能性は見直され、このことはギネスブックにも掲載されている。栄養価が優れていることに加え、美容効果があることや日本人の味覚にあうこともよく知られるようになって、日本への輸入は四年前の二倍、一〇年前の六倍と一気に増加し、年間輸入量は三万トンを超えようとしている。

しかし、輸送期間が長いため早熟状態で収穫することが多く、また、一年中輸出するため本来収穫できない時期（十〜二月）に未熟果を収穫することもある。さらに、流通過程で低温に長く置かれることから、日本の消費者にはアボカド本来の風味が届けられていないという現実がある。

近年、「国産の完熟アボカドが買えないか」とか「アボカドを栽培してみたいが、苗木はどこで売っているのか?」との問い合わせが多くなった。地球温暖化の影響だろうか、西南暖地では以前のように寒波で枯死することが少なくなってきたことも、栽培をしてみようという気にさせる理由かもしれない。

アボカドはカンキツ類がなる地域で栽培できる。遅霜や寒波にさえあわなければ管理も容易で露地で栽培でき、無農薬での栽培も不可能ではない。本書ではアボカドの実を確実にならせ、もっともおいしい時期に収穫、追熟させ、おいしく食べる方法についても解説した。とくに「一万花分の一果」というとても低い結果率を上げるポイントとして、新梢管理や施肥について詳しく述べた。また、日本の気候にあう品種のもつ特性や、自分で苗木をつくる方法についても紹介している。

これからアボカドの栽培を行ないたいと夢を描いている方のための手引きとして、本書がお役に立てれば幸いである。

三〇年近くにわたって熱帯果樹の栽培研究を行なうなかで、諸先輩方をはじめ、農家や関係機関の方々から多くのことを学ばせていただいた。ここに記して深く御礼申し上げたい。また、本書をまとめるにあたり、たいへんお世話になった農文協編集部に厚く御礼申し上げる。

二〇〇七年二月

米本　仁巳

目次

まえがき　1

第1章　アボカドの魅力

1　栄養満点、クリーミーな健康食品……13
(1)　ギネスも認めた栄養価
——高カロリー、一一種のビタミン、一四種のミネラル……13
(2)　脂質のほとんどが不飽和脂肪酸
——コレステロールが蓄積しない……14
(3)　ビタミンEが豊富——アメリカでは美容効果が人気の秘密……16
(4)　カリウムはバナナの約二倍
——スポーツ選手も愛好……17
(5)　肝保護機能をもつ成分も含む……18
(6)　醤油にあい、料理に使いやすい……19
2　日本への輸入はうなぎ登り……21
(1)　右肩上がりの消費量……21
①輸入量は四年前の二倍、一〇年前の六倍に増加　21
②日本の輸入熱帯果物では第三位　23
③輸入の多くは安いメキシコ産　24
(2)　輸入物はあたりはずれが多い……24
①収穫適期が守られていない　25
②コールドチェーンが品質を下げている　25
③植物防疫法という障壁　26
(3)　待たれている完熟国産品……27
3　国産アボカド栽培の魅力……28

(1) 完熟果実のうまみ……28
(2) 追熟させておいしくなる……29
(3) 直売で有利販売！……30
①まだ珍しく、高価格——一個二五〇円 30
②輸入物との端境期販売が可 30
③冷蔵して長期販売も可 31
(4) 栽培も意外と容易——寒波さえ防げれば温帯でもつくれる……32
①せん定せず、新梢の摘心で樹体管理 32
②摘花や摘果もいらない 32
③病害虫も少なく、農薬散布なしでも栽培可能 33
④無肥料栽培も可能——既存園地の残肥料を生かす 33
⑤粗放栽培でも反収一トン!? 34
(5) 低コストで導入できる……35
①特別な施設はいらない 35
②中山間の耕作放棄地を有効活用 35
③適地はカンキツ地帯と同じ 36

第2章　アボカドとは

1　原産地と来歴……37
(1) 原産地は中央アメリカ〜メキシコ……37
①十三〜十五世紀から栽培 37
②十八〜十九世紀に世界に広がる 38
(2) クスノキ科ワニナシ属の常緑高木……39
①放っておくと二〇メートルもの大樹に 39
②葉は大きいが寿命は短い 40
③近縁種にタブノキ、クスノキ、ニッケイ 40
(3) 果実はごつごつした洋ナシ型……42

①アリゲーター・ペアーの異名も　42
②国産にあう品種の果皮色は特徴的なアボカドグリーン　43
(4)　大正四年、静岡県に本格導入……………45
2　生育特性と栽培のポイント……………46
(1)　根が浅いので排水に注意……………46
①根域は地表から六〇センチ以内　46
②有機物マルチで細根を増やす　47
③夏の乾燥対策が大事　47
(2)　新梢伸長は春と夏の二回……………48
①春枝に充実した結果枝がつく　48
②夏枝は発育枝になる　48
③管理はカンキツと同じ　49
④新梢伸長期に大量落葉——旧葉とおきかわる　50
(3)　独特の開花特性——二つの開花型…51
①前年に出た枝の先端で開花結実　51
②開花期は四月下旬～六月　52
③新梢が伸びる有葉花房と伸びない直花　52
④品種によって異なる受精適期——両性花だが、雌雄異熟　53
⑤受粉は虫媒で　55
(4)　とても低い結果率……………56
①「一万花分の一果」　56
②不受精花、果実間の養分競合で落花（果）　56
③風害にも弱い　58
④確実な着花管理を　58
(5)　果実は追熟が必要——キウイと同じ……59
①樹上にあるかぎり肥大　59
②樹上におくほど濃厚な味に　59
③収穫時期は乾物率で予測　60

④室温で追熟、軟化させて食べる　62
(6) 隔年結果性が強い……………………62

第3章　品種の特性と生かし方

1　大きくは三系統に分類……………63
(1) 全部集めると一〇〇〇品種以上……63
(2) アボカドの系統別特性……………64
①メキシコ系　64
②グアテマラ系　64
③西インド諸島系（熱帯低地系）　65
2　日本向きはメキシコ系とグアテマラ系品種……………68
(1) 品種選びのポイント……………68
①耐寒性　68
②着果性　69
③食　味　69
④果　重　70
⑤開花型　71
⑥果皮色　72
(2) 代表的な栽培品種……………72
①ベーコン――耐寒性が強く、食味優れ、多収　72
②フェルテ――開張性に優れ、タネが小さく果肉が多い　73
③ピンカートン――脂肪含量が多く、大玉になり、実の数も多い　74
④リード――沖縄以南（亜熱帯）向き、果実大きく豊産　75
(3) 今後導入が有望視されている優良品種…76
①チョケテ（Choquette）　76
②ミゲル（Miguel）　76

③モンロー（Monroe）　77
④シモンズ（Simmonds）　77
⑤シャーウィル（Sharwil）　77
(4) 石垣島の優良品種……78
(5) そのほかの注目品種……79
①ハーベスト――密植が可能で超多収　79
②ジェム――超多収品種、カリフォルニアで栽培　79
(6) 台木には耐寒性のメキシコ系品種を……79

第4章　苗木つくりから幼木期までの管理

1　苗木の準備……83
(1) 苗木は基本的に自分でつくる……83
(2) 実生樹を育てて台木とし、接ぎ木する……84
①タネの入手　84
②は種適期は十～十一月　85
◆種皮をはぎ、タネの頂点を少し削ると発芽率上昇　85
◆電熱線とトンネルを利用　85
③台木に栽培品種を接ぐ　87
◆接ぎ木は一～二月、台木の緑化前に行なう　87
◆花が咲く前の充実穂木を利用　88
◆穂木の保存　89
(3) 接ぎ木後の管理と苗木の養成……90
①接いで三カ月後にポットに鉢上げ　90
②トンネル外に出して順化させる　90
③購入苗の自家養成　91
2　園地づくり……93

(1) 好適園地五つの条件
——中山間地の条件を生かす ………93
(2) こんなところは土壌改良を ………95
①重粘土、転換畑などの排水不良地
↓高畦 95
②pHが若干高め↓イオウ粉末で調整 95
③砂礫土、軽しょう土壌↓有機物施用
で水もちと、地力充実を同時に 95
④果樹園などの既耕地↓前作の太根は
取り除く 96
3 植付けの実際 ………96
(1) 遅霜の心配がなくなったころが適期 …96
(2) 開花型の異なる品種を混植 ………97
(3) 植付け距離は二～五メートル ………97
(4) 植付けの手順 ………97
①八〇センチ四方の穴を掘り、元肥投入 97
②根を切らないように注意 99
③盛り土の上に植付け 99
④植付け後に支柱とかん水、敷ワラ 100
4 植付けから初結実までの若木管理 ……101
(1) 定植三～四年目までは樹づくり期間 …101
①施肥はひかえめに少しずつ——多肥
は避ける 101
②霜に注意 101
③越冬時はコモがけで寒風対策 102
(2) 樹形づくりも念頭に管理 ………102
①直立タイプと開張タイプ 102
②作業性を考え、開張タイプに 103
③樹形は摘心でつくる 103
④せん定は枯れ枝を除き、樹冠内部が
混みあわないようにする 104
(3) 初結実は四～五年目から ………104

第5章　成木園の管理ポイント
1　年間の栽培管理……107
(1)　発芽、新梢伸長〜結実まで……107
①花芽がほころぶ三月は遅霜に注意　107
②チッソ、リン酸の春肥で、花穂を充実、有葉花率を高める　108
③新梢伸長期の落葉量で樹勢診断　108
④もっとも大事な開花期、ミツバチ放飼で着実な結実管理を　109
⑤炭そ病対策　110
⑥翌年の花を多くするため十月に秋肥　110
(2)　果実肥大期……110
①幼果が膨らみだしたら、実肥で養分供給　110
②かん水で乾燥による落果を防ぐ　111
③摘果は不要、一にも二にも落果防止　112
④強風対策も忘れない　112
⑤樹を見ながら成熟期にも若干追肥　113
(3)　収穫期……113
①十一月、肥大が停止したら収穫、年内に取り終える　113
②収穫時期の見きわめ方　114
◆開花後日数または種皮の色で判断　114
◆油分測定で成熟度をみる　115
◆乾物率から油分を推定し、成熟度をみる　115
③収穫時に果皮を極力傷つけない　116
④貯蔵温度と期間　117
⑤追熟のさせ方　118
◆加温での追熟　118

◆短時間でできるエチレンでの追熟 119
◆長期貯蔵時にはエチレン発生に注意 120
(4) 大事な収穫後管理……121
①成熟と同時に花芽分化が始まる 121
②強せん定はしない 121
③有機物マルチで土つくり 122
2 おもな病気と害虫……124
(1) 最大の病害は根腐れ病……124
①衰弱症とも呼ばれ、収穫期に樹が突然枯れる 124
②原因はフィトフトラ根腐れ病菌 124
③おもな予防策 125
◆メキシコ系品種の強勢台木を用いる 125
◆肥培管理を適切に行なう 126
◆かん水を適切に行なう 127
◆防風対策を行なう 127
④登録のある薬剤がない 127
(2) そのほかの病気……128
①モンパ病 128
②ならたけ病 128
③炭そ病 128
(3) 害虫はカメムシ類に注意……129
(4) 無農薬でつくれる……130
3 間伐と品種更新、樹形改造……131
(1) 枝が交差してきたら間伐……131
①間引きせん定で無効空間を減らす 131
②果実がよくなる樹を残して間伐 132
(2) 切り接ぎによる品種更新……132
①新品種の導入 132
②切り接ぎのやり方 133
(3) せん定による樹形改造……135
4 寒地での栽培を可能にする鉢栽培……136

(1) 霜にあてずに育てられる……136
(2) 鉢や用土の選び方と準備……137
(3) 開花タイプの異なる品種を揃える……138
(4) 幼木期の管理――コンパクトな樹を目標にする……138
(5) 成木期の管理――着果率を上げるよう工夫する……140
5　家庭で楽しむ鉢栽培は「カクテルツリー」で実現！……141

第6章　篤農家の経営事例

橋爪農園　和歌山県・橋爪道夫さん
――二〇年生のアボカドをすべて自分で売り切る。インターネット産直も行なう……143
窪農園　和歌山県・窪昌美さん
――和歌山県北、低温になる内陸の山の園地で栽培……146
仲野農園　沖縄県・仲野幸雄さん
――引き倒し整枝による、台風に強い低樹高の樹つくり……149

第7章　アボカドの調理、加工、利用法

1　おいしい食べ方紹介……153
(1) 家庭での追熟法……153
(2) 食べごろの判定法……154
(3) 果実の切り方……155
2　アボカドのいろいろな調理法……156
(1) 寿司（カリフォルニアロール）……156

(2) 天ぷら……158
(3) 海の幸サラダ……159
(4) サンドイッチ……159
(5) グワッカモレ……160
(6) アボカドとヨーグルトのディップ……161
(7) ミルクセーキ・アイスクリーム……162
(8) アボカドスープ……163
(9) アボカドとライムのスフレ……164
(10) アボカドの酢の物……165
(11) レンジアップアボカド……166

3 食品以外の利用・加工……167

(1) アボカド加工の歴史……167
(2) オイル……167
(3) 石　鹸……169
(4) アボカドの毒性……169
(5) インクとしての利用……171

囲み

・タネ、根、果皮には抗菌物質が含まれ、虫下し、下痢の治療薬に　20
・「アボガド」か「アボカド」か　43
・代表的な輸入品種「ハス」は晩生で、日本には不向き　72
・二段接ぎで母親と同じ形質の苗木をつくる　92
・ミツバチ放飼で一石二鳥　109
・防風林のつくり方　113

第1章　アボカドの魅力

1　栄養満点、クリーミーな健康食品

(1)　ギネスも認めた栄養価——高カロリー、一一種のビタミン、一四種のミネラル

一万年以上前からアメリカ大陸で食用とされてきたアボカドは、「森のバター」と呼ばれてきた。果肉の中に含まれる油分の多さから、「森のトロ」とも呼ばれる。一口食べてみれば、このような呼ばれ方になったことは容易に想像がつく。アボカドは樹上になっているかぎり生長を続け、樹上に長くおけばおくほど油分が増えていく。カリフォルニアで栽培されているアボカド品種には、生果肉中

に三〇％を超える油分が含まれることもあり、こうなるとまさしく「森のバター」そのものである。

アボカドには油分だけでなく、多くのミネラルも含まれ、世界一栄養価の高い果物としてギネスブックにも認められている。果肉は一〇〇グラム当たり一八七キロカロリーと高カロリーで、これはバナナ（八六キロカロリー）の約二倍にあたり、「果物の魔王」といわれるドリアン（一三三キロカロリー）よりも高い。

また、ギネスブックにはビタミンA、C、Eを多量に含んでいると述べられており、カリフォルニアアボカド生産者協会の資料には、一一種のビタミンと一四種のミネラルを含むと書かれている。詳しい成分については表1―1のとおりである。

図1―1　たわわに実るアボカド
（品種「ベーコン」）

(2) 脂質のほとんどが不飽和脂肪酸――コレステロールが蓄積しない

アボカドは森のバターだのトロだのと呼ばれることから、コレステロール蓄積を助長する悪玉食品

表1－1　アボカド生果肉100g中の栄養素

項　目	値	項　目	値
エネルギー	187 kcal	クリプトキサンチン（プロビタミンA）	29 μg
水分	71.3 g	ビタミン B_1	0.10 mg
タンパク質	2.5 g	ビタミン B_2	0.20 mg
脂質	18.7 g	ナイアシン（ビタミン B_3）	2.0 mg
炭水化物	6.2 g	パントテン酸（ビタミン B_5）	1.65 mg
灰分	1.3 g	ビタミン B_6	0.32 mg
ナトリウム	7 mg	葉酸（ビタミン B_9）	84 μg
カリウム	720 mg	ビタミンC	15 mg
カルシウム	9 mg	ビタミンE	3.6 mg
マグネシウム	33 mg	飽和脂肪酸	3.21 g
リン	55 mg	一価不飽和脂肪酸	10.82 g
鉄	0.7 mg	多価不飽和脂肪酸	2.16 g
亜鉛	0.7 mg	コレステロール	Tr
銅	0.24 mg	水溶性植物繊維	1.7 g
マンガン	0.18 mg	不溶性植物繊維	3.6 g
αカロテン(プロビタミンA)	15 μg		
βカロテン(プロビタミンA)	53 μg		

注）『五訂増補日本食品標準成分表準拠　食品図鑑』（女子栄養大学出版部，2006）

Tr：Trace の略。含量が最小記載量に達していない。栄養価計算では0とみなす

だと思われがちだが、それはまったくの誤解である。アボカドに含まれる脂質のほとんどがコレステロールを溶かしてくれる善玉脂質の「不飽和脂肪酸」なのだ。脂肪酸にはこの「不飽和脂肪酸」と「飽和脂肪酸」の二つのタイプがあり、食べものには飽和と不飽和の両方の脂肪酸が含まれている。飽和脂肪酸を過剰に摂取すると、血中コレステロール値

が上がるとされ、どちらが多く含まれるかによって、コレステロールに対する作用がちがってくるのである。一般的にバターやラードのような常温で固形になる動物性脂肪には、飽和脂肪酸が多く含まれ、ゴマ油、ナタネ油など常温で液体になる植物性脂肪には不飽和脂肪酸が多く含まれている。

コレステロールの増減は食品一〇〇グラムに含まれる飽和脂肪酸をS、不飽和脂肪酸をPとしたばあい「S−1/2P」で表わされ、この数値がプラスだとコレステロールを上げるほうに、マイナスだと下げるほうにはたらき、絶対値が大きいほどはたらきも大きくなる。前ページ表1―1から計算するとアボカド果肉はマイナス三・三となり、コレステロールを下げるはたらきのある食品であることがうかがわれる。

ちなみにバターは五二・九、マーガリンは一九・六、豚脂は四〇・五で、サフラワー油（ベニバナ油）はマイナス二八・五、ヒマワリ油はマイナス一三・五、トウモロコシ油はマイナス一二・〇、ダイズ油はマイナス九・一、ゴマ油はマイナス三・五である。アボカド油はマイナス二六・七（表1―1から計算）で、コレステロール低減効果はサフラワー油と並んでダントツに高い。

(3) ビタミンEが豊富――アメリカでは美容効果が人気の秘密

アボカドに含まれる多くのミネラル中、ほかの果物にくらべて顕著に多く含まれるのがビタミンEである。夏バテ予防にうなぎを食べることはよく知られているが、これはうなぎの蒲焼きに多くのビタミンE（五・〇ミリグラム／一〇〇グラム）が含まれるためだ。実はアボカドにも驚くほど多くのビタミンE（三・六ミリグラム／一〇〇グラム）が含まれているのである（15ページ表1―1）。

ビタミンEは、老化の原因と考えられている過酸化脂質がつくられるのを妨げるはたらきがある。また、ビタミンEは妊娠・出産と関係が深く、とくに妊娠期・授乳期には不足させないように気をつけなければならない。

アメリカではヒスパニック系の人たちがアボカドを常食している。彼らはこれがないと食生活がなりたたない。ヒスパニック系以外の人種のあいだでは、比較的教養レベルが高く、健康意識の高い人たちに親しまれている。これはアボカドが健康によく、美容にもよいことを知り、それらのためにアボカドを食べるようにしているからである。アメリカでは、アボカドを「教養で食べる果物」といっても過言ではない。

(4)　カリウムはバナナの約二倍――スポーツ選手も愛好

昔、アメリカにキング夫人と呼ばれる名テニスプレイヤーがいたことを知っている年配の方は多いと思う。しかし、彼女が毎日アボカドを食べて世界一のテニスプレイヤーになったことを知っている方は少ないだろう。彼女はアボカド大好き人間だったのである。アボカドには運動中に体脂肪を燃焼させてエネルギーを得るのに必要なカリウムが多く含まれている。ウィンブルドンで通算二〇勝を上げた彼女のパワーの根源はアボカドにあったのではないか。

ではアボカドにどれくらいのカリウムが含まれているのだろう。アメリカがオリンピックに即効性のカリウム補給用果物としてバナナを持ち込んだことは有名で、現在でも多くのスポーツ選手がバナナを食べている。このバナナには三六〇ミリグラム／一〇〇グラムのカリウムが含まれているのに対し、アボカドには二倍の七二〇ミリグラム／一〇〇グラムのカリウムが含まれているのである（15ページ表1―1）。

(5) 肝保護機能をもつ成分も含む

静岡大学農学部応用生物化学科の河岸洋和、杉山公男両教授らはラット実験によりアボカドに肝機能障害抑制効果を確認したと報告している。

肝臓に障害がおきると細胞が壊れ、内部からGPT（グルタミン酸ピルビン酸アミノ基転移酵素）が血液中に溶け出す。実験では、あらかじめアボカドなどさまざまな食品を与えたラットにガラクトサミンという化合物を投与して人為的に肝炎を引きおこし、肝障害の程度の指標であるGPT値を測った結果、ガラクトサミンを与えなかった正常なラットの数値が二五、ガラクトサミンのみ与えたラットが一五〇九だったのに対して、アボカドとともにガラクトサミンを与えたラットは三三六。スイカなど三種類の果物が八二〇～八七〇だったほかは、一七種類の食品を与えた例で数値が一〇〇〇を超えた。また、GOT値（グルタミン酸オキサロ酢酸アミノ基転移酵素、これも肝障害の程度の指標になる）でもアボカドに顕著な効果が認められたと報告している。

さらに、河岸教授らは肝保護成分の分離を進め、これまでまったく知られていなかった五種類の物質をアボカド中に発見した。それは、脂肪酸のリノール酸とオレイン酸の構造が変化した化合物で、アボカド全体質量の約三％も含まれる。いずれも構造が似通い、効果もほぼ同じで、肝臓害を抑制する新しい物質として注目している。杉山教授は「実験でおこした肝炎は人間のものとは異なる」と前置きしたうえで、「肝機能活性物質が三％も含まれるというのは多い数字。肝臓病を治すのではなく、予防になる食品の一つとして考えてほしい。どのような食生活が肝炎になりにくいのか、さらに研究を進めたい」と話している。

(6)　醤油にあい、料理に使いやすい

アボカドにはほかの果物のもつ甘味や酸味がほとんどないので、甘くおいしい果物を期待して食べた人をがっかりさせるかもしれない。アボカドの食味に対する評価は真二つに分かれる。好きな人は大好き、嫌いな人は大嫌い。ところが、大嫌いな人でも何回か食べているうちに病みつきになってしまうこともある。

筆者は、カリフォルニアで何度か食べさせられているうちに好きになったのだが、筆者の母親は最

初から国産の熟したおいしいアボカドをご飯とわさび醤油で食べたものだから、外国の果物としての違和感なしにすんなりと受け入れた。

アボカドは脂質を多く含んでいることから森のバターとも呼ばれ、完熟したものはまさにトロのよう。しかも、アボカドは酢飯と醤油と海苔によくあうことから、カリフォルニアロールと呼ばれるアボカドをネタにした巻き寿司がアメリカで考案されたくらいである（156ページ）。この巻き寿司がおもしろいのは海苔が内側でご飯が外側になるように巻いてあることだ。これは、アメリカ人が海苔のことをシーウィード（海の雑草）と呼んで、食べることに抵抗感があるからである。ところ変わればいろいろな巻き寿司もあるものだと驚かされた。

このカリフォルニアロールは日本にも定着し

タネ、根、果皮には抗菌物質が含まれ、虫下し、下痢の治療薬に

アボカドの果皮には抗菌作用があり、虫下しや赤痢による下痢の治療に使われ、葉を噛むことで歯槽膿漏の治療に役立つそうだ。また、葉は傷口に当てる湿布として使われ、温めた葉を額に貼り付けることで頭痛の軽減に使われる。葉からの抽出液には血圧上昇作用があり、葉のせんじ汁は下痢、のどの痛みの治療、血止めに使われるほか、腹痛の治療にも使われる。

キューバでは新梢のせんじ汁を咳止めに使うそうで、果皮が黒くなるタイプのアボカドの葉や新梢を煮て得られたせんじ汁は、人工中絶剤としても使われるそうだ。タネを細かく切り、乾燥させて粉にひいたものは下痢や赤痢の治療に使われ、頭皮のふけの軽減にも役立つ。また、タネから抽出したオイルは発疹の治療に使われている。

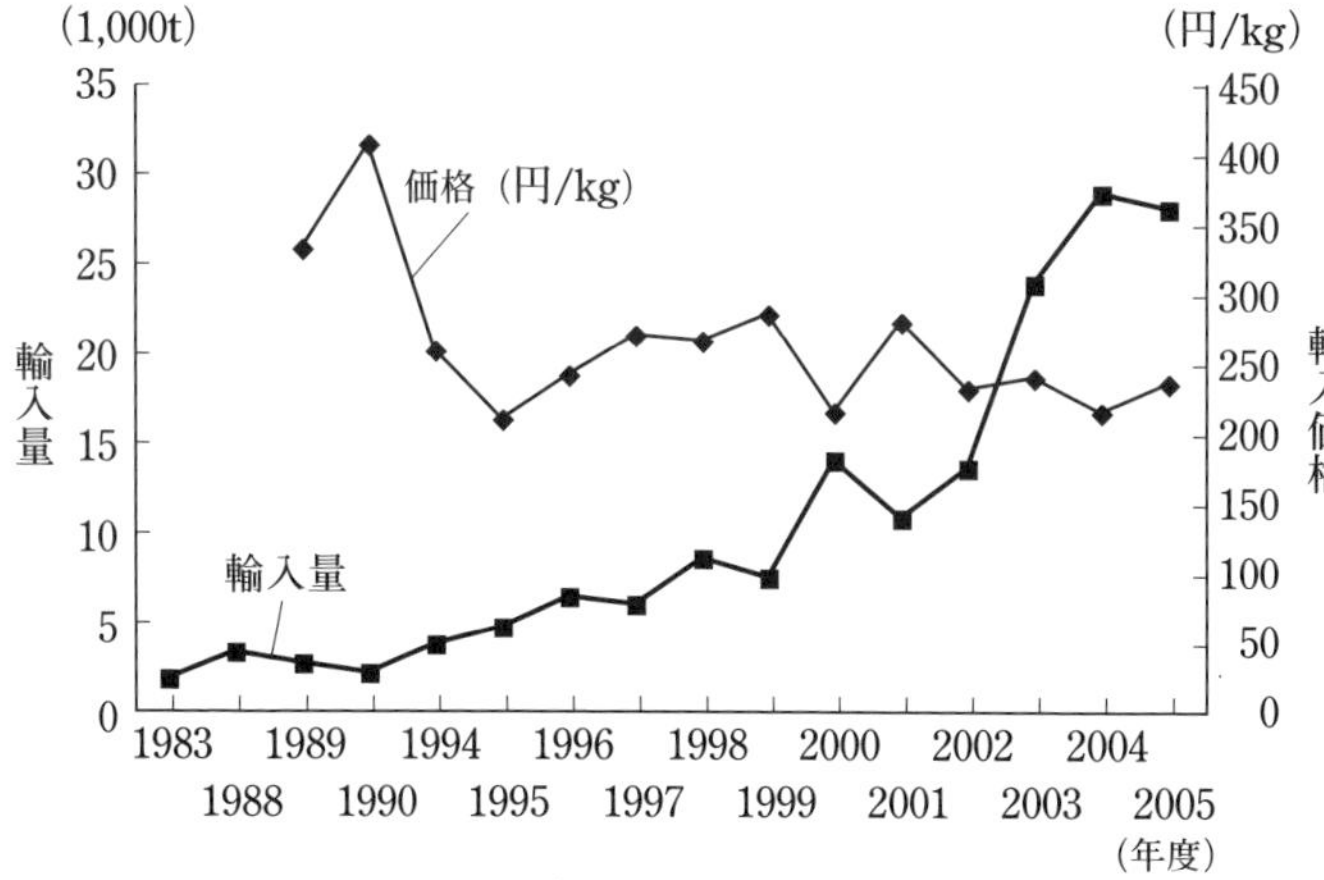

図1－2　アボカドの輸入量と価格の推移

（『輸入青果物統計資料』，社団法人　日本青果物輸入安全推進協会から作成）

つつあり、筆者の妹は食べ盛りの子どもたちに高いマグロなんて食べさせられないからといって、筆者が栽培したアボカドを、緑色のマグロとして手巻き寿司にして食べさせているという。

2　日本への輸入はうなぎ登り

(1)　右肩上がりの消費量

①輸入量は四年前の二倍、一〇年前の六倍に増加

筆者がアボカド栽培に興味をもった一九七五年当時、日本への輸入量はまだわずかだった。輸入されたアボカドは店飾りのようなもので、リピーターといわれる消費者はほとんどいなか

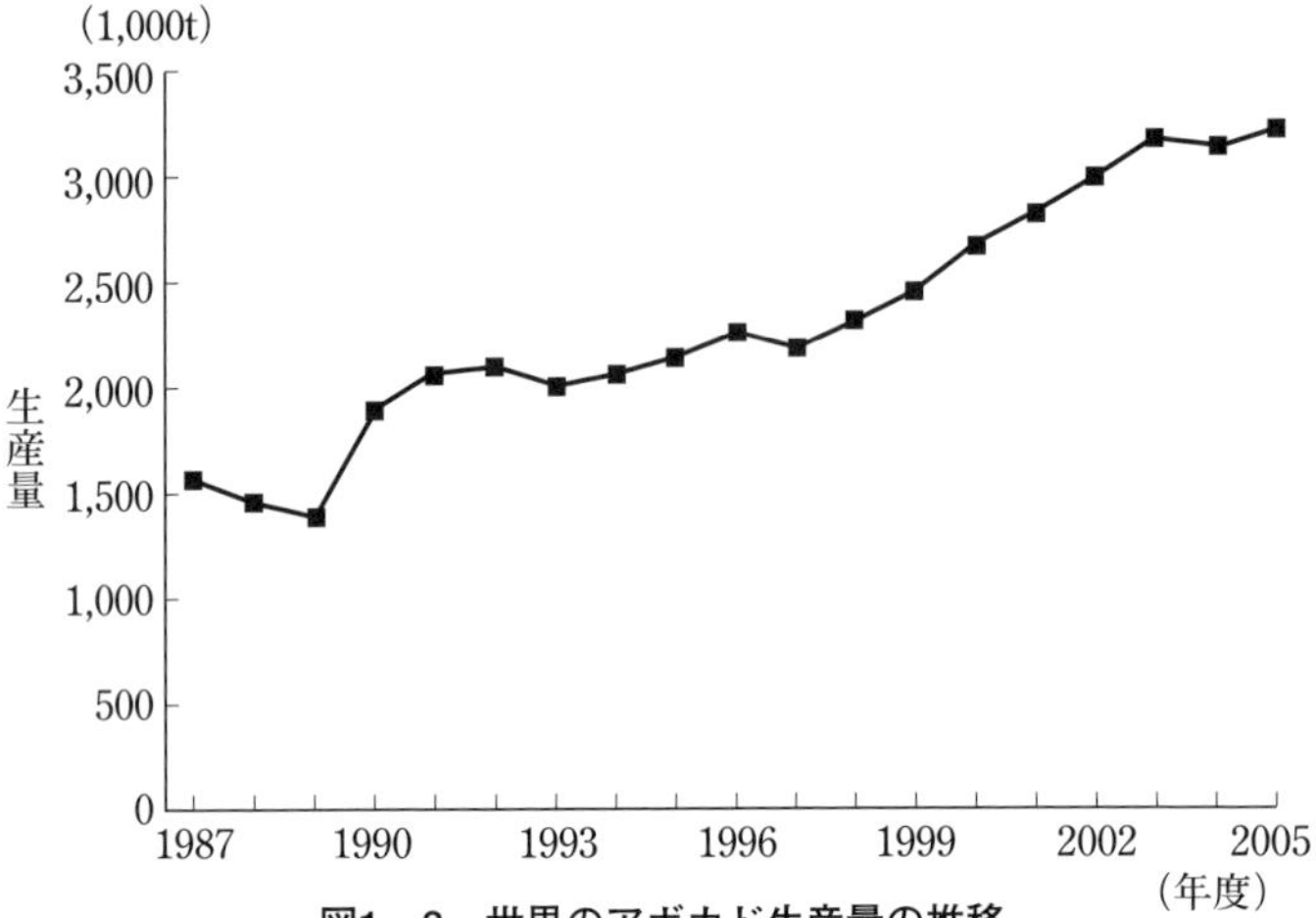

図1―3　世界のアボカド生産量の推移

（『輸入青果物統計資料』，社団法人　日本青果物輸入安全推進協会から作成）

った。アボカドの輸入は一九七〇年後半ころから増加し始め、一九八〇年四七九トン、一九九〇年二一六三トン、二〇〇〇年一万四〇七〇トン、そして、二〇〇五年には二万八一五〇トンに達している（前ページ図1―2）。

ところで、世界中でアボカドがどれくらい栽培されているのだろうか。ＦＡＯのデータによると一九八〇年代後半には一五〇万トン程度であったアボカドの生産量は一九九〇年代には二〇〇万トン台になり、二〇〇〇年代に入って急に増加して二〇〇五年度では三二二万トンに達している（図1―3）。

ちなみに二〇〇五年度のアボカド生産国のベスト二〇は図1―4のとおりで、なん

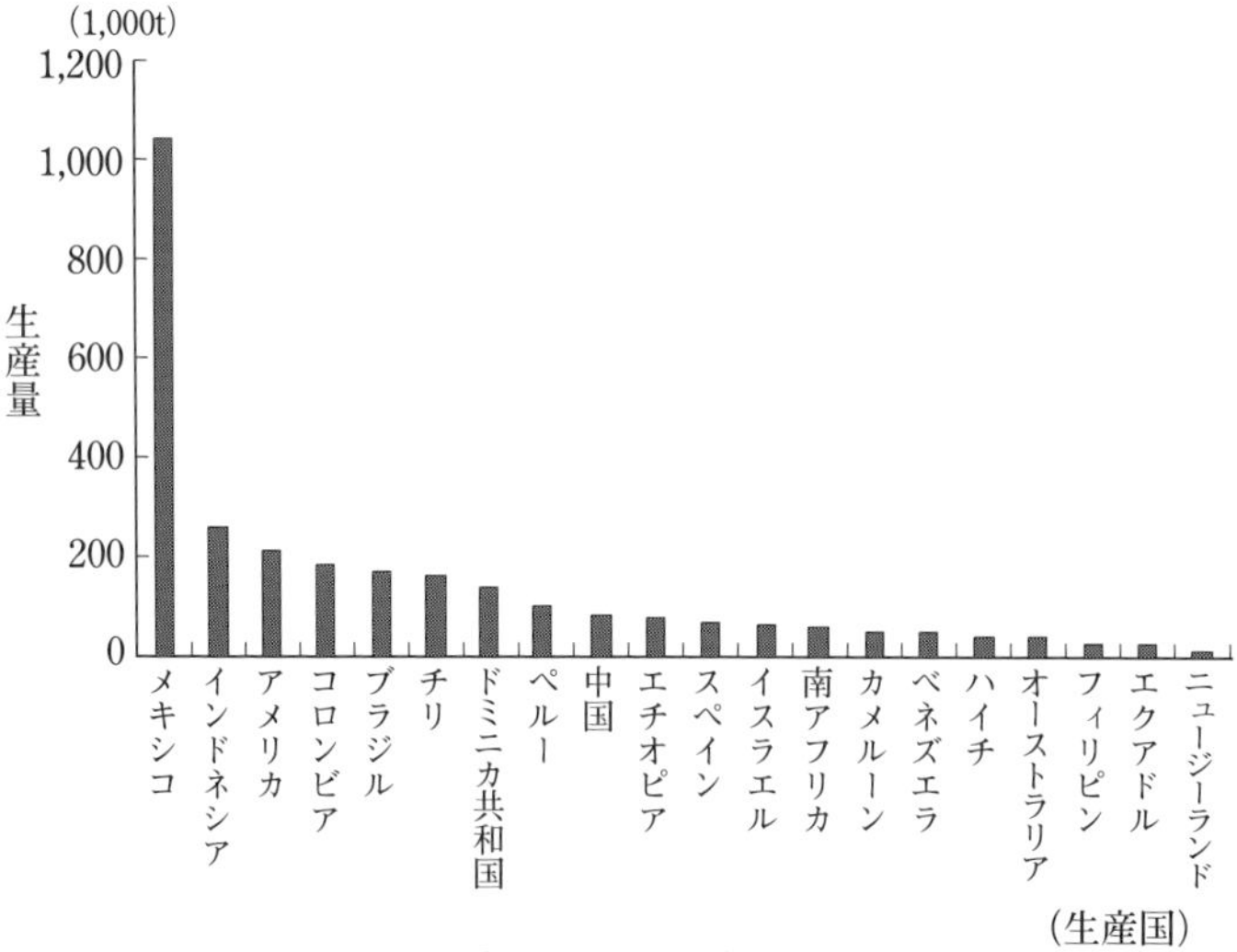

図1―4　世界の国別アボカド生産量

(『輸入青果物統計資料』, 2005, 社団法人　日本青果物輸入安全推進協会から作成)

といってもメキシコがダントツ一位で世界の三分の一を占めている。

②日本の輸入熱帯果物では第三位

二〇〇五年度の輸入熱帯果物でダントツ一位はバナナで一〇七万トン。二位はパイナップルで一六万トン、そして、なんとアボカドが第三位で二万八一五〇ト

表1―2　輸入熱帯果物ベスト5

品　目	輸入量 (t)
バナナ	1,066,873
パイナップル	155,426
アボカド	28,150
マンゴー	12,139
パパイヤ	4,075

(『輸入青果物統計資料』, 2005, 社団法人　日本青果物輸入安全推進協会から作成)

ン、四位がマンゴーで一万トン、五位がパパイヤで四〇〇〇トンだった（表1―2）。もっとも、グレープフルーツ二一万トン、オレンジ一二万トン、レモン八万トン、キウイフルーツ六万トンとくらべれば二万八一五〇トンはたいしたことはないかもしれないが、サクランボの一万二三六三トンや、ブドウの一万九五五五トンとくらべれば、アボカドの輸入量の多さに驚かされる。

③輸入の多くは安いメキシコ産

現在日本に輸入されているアボカドは、メキシコ産がほとんどである。かつて日本市場を開拓したカリフォルニア産アボカドは、たいへんな苦労をしたにもかかわらず、価格競争で人件費が格段に安いメキシコ産には太刀打ちできず、日本市場をあっさりと奪われた。カリフォルニアは悔しい思いをしていることだろう。日本とメキシコ間には経済連携協定（ＥＰＡ）が結ばれており、メキシコから輸入されるアボカドには関税が免除されているため、安いメキシコ産が輸入されやすくなっている。

(2) 輸入物はあたりはずれが多い

輸入アボカドで近年問題になっているのが、あたりはずれが多いことだ。遠い外国から輸送してくるのだから、多少の傷みが生じるのはしかたのないことで、はずれが多くなるのもしかたのないことかもしれない。しかし、まずいアボカドは消費者の怒りを買うことになり、需要を下げる要因となりかねないので、しかたがないではすまされないのである。

調べていくうちに、この問題にはいくつかの明らかな原因があることがわかってきた。

①収穫適期が守られていない

これまでの研究結果から、新鮮果肉中の油分含量が八％以上になれば、輸送に時間がかかっても食べてまずくならないことがわかっている。だからカリフォルニアの出荷基準では、油分が八％以上になってから収穫出荷することになっている。しかし、メキシコではこの基準がどの程度守られているのかがわからない。

輸入されているアボカドは「ハス」という晩生品種で、春に開花結実したのち、夏から冬を樹上で過ごして翌年の春から夏に収穫される。そのため十～二月までどうしても出荷できない時期がある。カリフォルニアから来るアボカドにはこの端境期がある。しかし、メキシコからは一年中入ってきており、十～二月の時期に輸入される果実は無理して収穫されている可能性がある。となると、この時期の果実は油分八％を下回るものが増えることになる。

②コールドチェーンが品質を下げている

第二に問題になるのが、「コールドチェーン」（低温輸送）である。

日本のコールドチェーンは温帯果樹用に設定されており、大体が五℃程度に保たれて輸送されている。アボカドは四・五℃以下に長くおかれると低温障害が発生し、果実内の維管束が黒く変色してしまう。こうなると追熟が進まなくなって、いつまでたっても軟らかくならないため、まずいアボカド

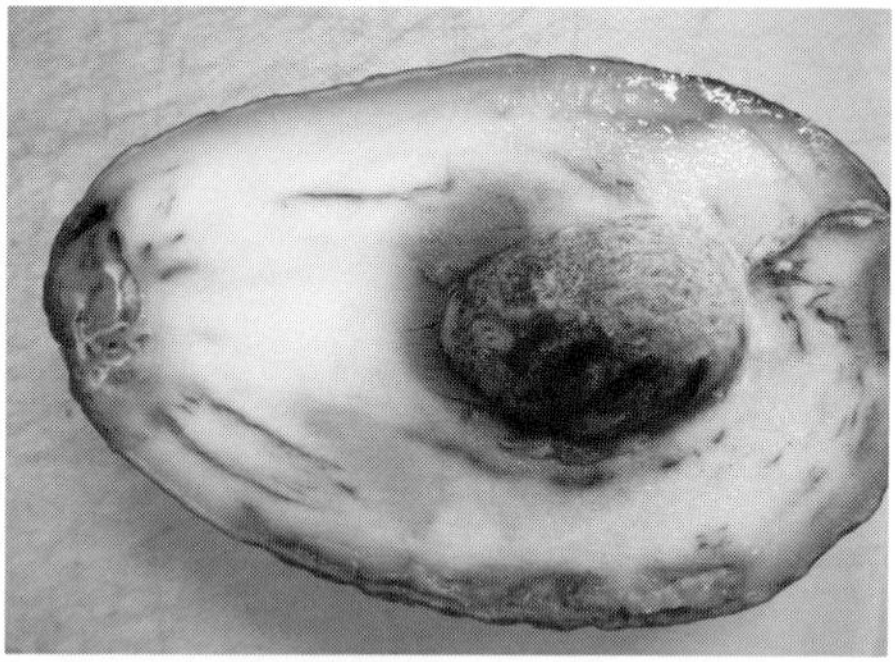

図1−5　低温障害によって変色した輸入アボカド
輸送中の貯蔵法をあやまると，このような果実が出る

になってしまう（図1―5）。

設定が五℃ならば、一見問題ないように見えるかもしれない。しかし、冷蔵庫内の下部と上部、冷気の噴出し口に置かれた果実は容易に五℃以下になってしまうのである。

③植物防疫法という障壁

各国には「植物防疫法」があり、外国から植物に付着して病害虫が侵入しないように、いろいろな方策がとられている。この法律は国内の環境を守るために大切なものである。

熱帯果樹生産国ではミバエと呼ばれる小さなハエが問題になっており、それらの国から日本に果実を持ち込むばあいには高温処理（蒸気や温湯）か燻煙処理をして虫や卵を殺さなければならない。

しかし、これらの処理をするとどうしても果実の老化が早くなるため、農家はやや未熟な果実を収穫して処理し、その後はできるだけ低温において輸出するのである。

主要な産地であるメキシコではミバエの発生が確認されていないので、メキシコにこれらの処理は要求されていない。しかし、輸送期間のほか、検疫や通関手続きにも時間を要することから、早熟状態で収穫し、輸出されるのである。

このように、未熟果実を収穫してしまう、高温や燻煙処理、その後の低温と、輸入されるアボカドには、乗り越えなければならない問題が多数存在する。なかには果実をたたき落とす荒っぽい収穫法を行なう農園もあるようで、その際に受けた打撲によって品質が下がるというとんでもない話もある。

(3)　待たれている完熟国産品

アボカドは年間約三万トンも輸入されている。このことは一時的なブームなどではなく、かなりのリピーターがいることを表わしている。国内需要が多いため、年間を通じて輸入する必要があるのだが、輸入されているアボカドは貯蔵性の高い「ハス」という品種に限られているため、一年のうち、どこかで無理して未熟果実を収穫しなければならない時期がある。そして、この時期に輸入される果実にはとくにハズレが多くなるのである。

そもそも、「ハス」のおいしい時期は三～九月である。海外の産地ではそれ以外十～二月の期間は別の品種を代用品として使っているのである。たとえばカリフォルニアでは「ハス」の未熟な期間には「ベーコン」や「フェルテ」を使っている。「ベーコン」や「フェルテ」は日本でもこの時期に収穫でき、しかもおいしい時期である。

「ハス」は熟すと果皮が黒紫色に変わる品種だが、「ベーコン」や「フェルテ」は美しい緑色のまま完熟するので、特別なアボカドとしてアピールできる。それに「ハス」は寒さに弱く、本州では冬季に枯れてしまうが、「ベーコン」や「フェルテ」は寒さに強くカンキツ栽培地でなら栽培可能である。「ベーコン」は十月中旬、「フェルテ」は十一月中旬にはおいしくなり収穫できる。一月まで樹上にならせておけば、さらに油分が増加しておいしくなっていく。しかも輸入物とはちがい、国産果実は日本の農家がていねいに収穫するので、果実への打撲がおこらないし、未熟な果実を収穫することもない。さらに、収穫後に燻煙処理や低温保存する必要もなく消費者へ届けられるため、国産アボカドは一〇〇％ハズレなしである。まさに今、消費者が求めているアボカドである。

3　国産アボカド栽培の魅力

(1)　完熟果実のうまみ

アボカドをスーパーで買ってきて、食べようとしたら中身が黒くなっていて、まずくて食べられなかったという経験を何度も繰り返せば、誰だって「いいかげんにしてよ」と言いたくなるだろう。しかし、ていねいに育てた国産アボカドにはハズレがないとわかれば、国産のものが欲しくなるものである。

樹上である程度以上の油分含量に達した果実をていねいに収穫し、低温にさらすことなく短時間で消費者に届けること。さらに、適度な追熟過程をへて軟化させることで、アボカドは新鮮でおいしく、サラダや料理の材料としてほかの食材と調和し、料理全体を引き立たせることができる。

一度、この新鮮で完熟した国産の「ベーコン」や「フェルテ」を食べたら、アボカドの虜になってしまうことうけあいである。

(2) 追熟させておいしくなる

アボカドはキウイフルーツや西洋ナシと同じ「クライマクテリック型」の果実で、硬い果実を収穫して室温で追熟させ、軟らかくなったときに食べる（153ページ）。追熟にかかる日数は、収穫時の果実の熟度や追熟させる気温により左右され、熟度が進んでいるほど、または温度が高いほど短期間で軟らかくなる。

ところが、冷蔵庫に入れて寒さにあてたり、ビニール袋に密封したまま窒息させてしまったり、三〇℃以上の高温で追熟させたりすると正常に軟化せず、まずい果実になってしまう。もっとも、未熟果実を収穫してしまったものは、いくら適正な環境条件下で追熟させてもおいしくなる可能性はない。

アボカドの収穫後、果皮の緑色を保ったまま追熟させるには、果皮を乾燥させないで、二五℃程度の温度に一〇日間くらい置く。早く食べたいばあいには、一～二日間リンゴなどのエチレンを多く発生させている果実と一緒にポリエチレン袋に入れ、そのあとに袋から出して追熟させると、速く軟らかくなる。追熟管理をすることで、品質の揃ったアボカドを出荷できる。

(3) 直売で有利販売！

①まだ珍しく、高価格――一個二五〇円

稀少価値のある国産アボカドだから、高級果物店などに並ぶと一個五〇〇円という高値がつくこともある。安さと新鮮さが特徴の直売所などに並んでいるものでも一個二五〇円程度で、輸入物が一個一〇〇円程度で年中販売されているのとくらべると、非常に高いと思うかもしれない。しかし、国産アボカドの一個の重さは輸入アボカドの約二倍程度であることを考えると、消費者にとってそれほど高いとは思えないのである。

②輸入物との端境期販売が可

輸入アボカド品種の「ハス」は晩生品種で、春に開花して翌年の春から夏にかけてが収穫時期である。そのため秋から冬にかけては輸入量が少なくなる。ところが、国内での栽培に適する「ベーコン」や「フェルテ」は早生品種で、初夏に開花して、「ベーコン」は十月中旬以後、「フェルテ」は十一月中旬以後に収穫することができる。輸入物がおいしくない年末から年始にかけて、国産アボカドの出

る幕があるのだ。

ニュージーランド（南半球）産と日本（北半球）産のキウイフルーツの収穫期がまったく正反対であり、ニュージーランド産の少ない時期に国産が出荷され、わが国では一年中おいしいキウイフルーツが食べられる。アボカドでも一年中おいしいものを食べるには、輸入物が少ない冬に国産のアボカドを食べることである。

③冷蔵して長期販売も可

アボカドは通常五〜七℃で冷蔵すれば三〇日程度は貯蔵が可能で、その後二五℃程度においてやると正常に軟化する。

国内での栽培は一〜二月に寒波の影響を受ける前に収穫しなければならないが、収穫した果実をすぐに出荷する必要はなく、五〜七℃で貯蔵して、少しずつ出荷すればよい。

また、アボカドはできるだけ長く樹にならせておくほうが油がのるので、霜や気温に注意しながらなるべく長く樹上におくことでおいしくなり、長期販売も可能だ。ただし貯蔵中は四・五℃以下に長時間おかれると、低温障害を受けて維管束が黒変し、正常に追熟しなくなるため、冷蔵庫の温度には注意しなければならない。とくに、高温時や雨の日に収穫された果実は低温障害を受けやすいので注意が必要である。

(4) 栽培も意外と容易――寒波さえ防げれば温帯でもつくれる

①せん定せず、新梢の摘心で樹体管理

アボカドの花芽は新梢の先端に着生する。だから枝を切り返すせん定をすると花が着生しないし、当然、結果もしない。切り返しせん定は実を捨てているようなものと、考えていただきたい。しかし、アボカドは枝の先端が先へ先へと伸びる頂芽優勢の習性があるため放っておくとどんどん背が高くなり、収穫できないほどになってしまう。それにあまり背が高くなると台風などの強風で幹が折れたり、樹が倒れたりしやすくなる。アボカドはなるべくせん定を行なわず、摘心で樹体管理を行なう。新梢が伸び始めたら摘心して側枝の本数を増やしてやる。そうすると、樹は横に生長し、実のなる枝数も増加する。

②摘花や摘果もいらない

アボカドはたくさんの花をつけるが、受粉してもそのほとんどが生理落果する。夏の暑いなか、摘果作業なんてする必要はない。もっとも、摘果するほど結実してほしいのが生産者の願いだが。

ところが、石垣島では三月に開花してたくさん着果するため摘果している。園主に訊ねると、そのまま放っておくと果実が小さくなるため、間引き摘果をしているのだとか。アボカドの摘果作業を見たのはこれが最初で、とても信じられない光景だった。石垣島の気温やそのほかの環境がアボカドの

生育によほど適しているのだろう。

③病害虫も少なく、農薬散布なしでも栽培可能

カリフォルニアは果実の生育期間に降雨がないため、基本的に無農薬で栽培されている。フロリダでは湿度が高いため、炭そ病の防除はやっているようだ。

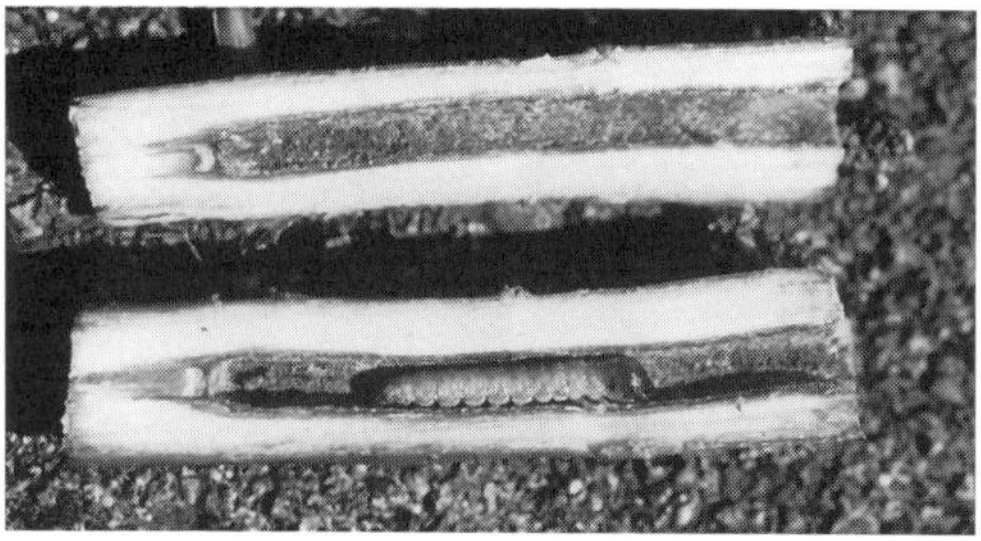

図1―6　コウモリガの幼虫

わが国でももっとも問題になるのもやはり炭そ病である。果実への病斑は収穫期に長雨が続くと現われてくるが、実際には幼果期に感染したものがこの時期に増殖して問題になる。

害虫もいろいろと発生するが、樹勢が強いので放っておいてもさほど問題にはならない。

幼木時に致命的なのは、株元に入ったコウモリガの幼虫（図1―6）に幹をぐるりと一周かじられることと、幼果期にカメムシに果実を吸われることである。

④無肥料栽培も可能――既存園地の残肥料を生かす

傾斜地でのカンキツ栽培が困難になった場合に、あまり手のかからないアボカドに転作することが考えられる。このばあい、カンキツ園の土壌には長年にわたって投入されてきた肥料分が残ってお

り、土壌は肥沃である。こういう園地にアボカドを植えたばあい、施肥をすると樹の地上部の生長が地下部の根の生長よりも早くなってしまい、少しの風で倒伏してしまうことがある。

あせって地上部を生長させるのではなく、肥料は少なめにして、根の生長と地上部の生長のバランスを保つことが大切となる。

⑤粗放栽培でも反収一トン!?

完全無農薬、無肥料、無せん定、無摘果で一〇アール当たり一トンの収穫も夢ではない。

「一個二五〇グラムの果実で四〇〇〇個!」

「一個二五〇円で売れたらいくらになる?」

「え、一〇〇万円!」

そんなおいしい話も不可能ではない。ただし、これは一番ラッキーだったばあいのことである。カリフォルニアやメキシコではこれくらいの収量をとっているし、日本でも反収一トンの可能性はある。ただし、その条件は寒波に襲われず、開花期に晴天に恵まれ、台風被害にあわず、適度な水分と肥料分が保たれ、炭そ病やカメムシ被害が出なかったばあいである。

これだけの条件をクリアしなければならないとなると難しいように思われるが、それはあくまで完全無農薬、無肥料、粗放的栽培でのばあいだ。無農薬や無肥料、粗放的栽培も可能だが、収量を上げたいのであれば、それなりに手数をかけて育てていただきたい。

(5) 低コストで導入できる

①特別な施設はいらない

アボカドは露地栽培だから、マンゴーなどのようにビニールハウスや加温機といった施設がいらず低コストである。

また、樹勢が強く生長が早いため雑草よりも早く生長し、枝葉が茂って、樹冠部が薄暗くなるので、すぐに除草作業も要らなくなる。森のようになることから、夏場に樹の下に行くとヤブ蚊に刺されて困るほどである。

図1―7　傾斜地でもよく育つ
定植から4年ほどの樹のようす。品種は「フェルテ」

②中山間の耕作放棄地を有効活用

アボカドが育ち、森のようになってしまえば、あとは手間暇をかける必要はない。中山間地で高齢化による耕作放棄地が増える直前にアボカドを植えて、少し世話をしてやれば、あとは実がなるまで待てばよい。なればよし、ならねばまた来年に期待する、ぐらいの気持ちでも取り組める。そのうちに、地面にはアボカドの枯れ葉が敷きつめられ、堆積して立派な腐葉土ができあがり、治山治水にまで貢献するようになるのである。

③適地はカンキツ地帯と同じ

ただ、アボカドはどこでも栽培できるわけではない。アボカドの欠点は寒さが嫌いなことだ。気候的にはカンキツが栽培できる地域が適地といわれるが、カンキツ栽培地帯でも北西の北風を受けない南面傾斜地がよいとされている。平地では滞水で根が腐ったりするため傾斜地に植付けたい。傾斜地では冷気が停滞しないメリットもある。

ところがこういう温暖な傾斜地はカンキツ栽培の適地でもあるので、老齢化やハウス栽培への重点化などから、労力を要する急傾斜地でのカンキツ栽培が困難となったばあいに、手間のかからないアボカド栽培に切り替えればよい。

第2章　アボカドとは

1　原産地と来歴

(1)　原産地は中央アメリカ～メキシコ

①十三～十五世紀から栽培

クスノキ科のアボカドの原産地は、メキシコ東部から中部にかけての高地からグアテマラ、さらには中央アメリカの太平洋岸にかけての広い範囲といわれている（次ページ図2―1）。そのため学名の *Persea americana* Mill. には *americana* とある。メキシコでは一万年前から食用とされており、プ

図2—1　アボカドの原産地

エブラ州の洞窟から発見されたタネの化石から、このころにはすでに優良品種の選抜が行なわれていたことがわかっている。

アボカドという名前はメキシコ南部から中米地方の先住民ナワトル族の言葉Ahuacatlをスペイン人がAguacateまたはAhuacateと聞き取り、それが転じてAvocadoとなった。英語ではほかにアリゲーター・ペアー（ワニ梨）やミッドシップマンズ・バター（海軍士官候補生のバター）など、奇抜な呼び方もある。

②十八〜十九世紀に世界に広がる

先住民の長年の選抜の結果、十五世紀末（一四九九年）スペイン人が初めてアボカドを見たときには、アボカドは地理学的に大きく三つの系統に分かれていた。筆者も含む多くの研究者たちが神様と崇めている果樹分類学者ウィルソン・ポーペノー（Wilson Popenoe）は、一九二〇年にこの三つの系統を「メキシコ系」、「グアテマラ系」、「西インド諸島系」と分類した。その後、「西インド諸島にはスペイン人が一六五五年に持ち込んだ」ことが判明したことから、この呼び方は適当ではなく「熱帯低地系（Tropical Lowland）」のほうが適当であると、一九九二年にスコラとバーグ博士が訂正したが、最初の呼び名が定着してしまったことから、現在でも「西インド諸島系」として取り扱われている。

インカ人は紀元前四〇〇〇〜三五〇〇年に南米クスコバレー（現在のペルー南部、バレサブラッド）に、紀元前三五〇〇〜一四〇〇年にはモチェバレー（現在のペルー北部海岸部）にアボカドを導入しており、世界への伝播はずっとあとにスペイン人によって行なわれた。一七五〇年にはインドネシア、ブラジルへは一八〇九年、ハワイへは十九世紀初期に、スペインのコルシカ島へは一九五八年に導入され、一八九〇年にはフィリピンへ導入されたという記録が残っている。南アフリカ、オーストラリアへは十九世紀後半に、イスラエルには一九〇八年に導入された。

(2)　クスノキ科ワニナシ属の常緑高木

①放っておくと三〇メートルもの大樹に

グアテマラ系や西インド諸島系は樹勢力が強く、実生だと樹高三〇メートルにもなり、メキシコ系でも一五メートルになる。接ぎ木樹のばあいはこのような高木にはならないが、台木の種類や栽培環境により大きさは決定され、亜熱帯では栽培品種でも一〇メートル以上の高木になる。樹形は品種により異なり、「ベーコン」「エドラノール」「リード」は直立性、「ハス」は球形、「フェルテ」は開張性である。台風被害の軽減や収穫作業の利便性を考えると、樹高は五メートル以下に抑えたい。「フェルテ」や「ハス」では比較的簡単に整枝できるが、電柱のごとく直立性に育つ品種でも新梢の摘心作業を繰り返すことで比較的開張性に整枝できる。

②葉は大きいが寿命は短い

アボカドの葉は大きく、美しい緑色をしている。しかし、葉の寿命は驚くほど短く、一〇～一二カ月ほどである。

砂漠地帯のカリフォルニアではアボカドの緑の森を見ると心が安らぐ。新芽は美しい赤で、生長とともに緑色になっていく。赤い色素は強い太陽光線から軟らかな新芽や葉を守るはたらきをしている。カリフォルニアでは、アボカドを食べたあとにタネの横腹に三方向から爪楊枝を差し込み、水を張ったガラスコップの上に乗せ（爪楊枝がタネを支える）、発芽させて、その新梢の赤い色を観賞用に楽しむ人もいる（図2―2、2―3）。

③近縁種にタブノキ、クスノキ、ニッケイ

アボカドが属するクスノキ目（Laurales）クスノキ科（Lauraceae）には約五〇属二〇〇〇種以上が

あり、精油を含み、芳香をもつ種が多い。多くは温帯南部や熱帯、とくにアジア南東部やブラジルに分布している。そのなかでアボカドはワニナシ（*Persea*）属に含まれ、日本では同じ属にタブノキ（猪脚楠《ちょきゃくなん》、イヌグス、*Persea thunbergii*）がある。しかし、タブノキはタブノキ属（*Machilus*）として扱うこともある。タブノキの枝には粘液が多く、乾燥させて粉末にして線香の粘結材として利用されている。

図2―2　家庭で簡単にできる水耕栽培
タネの皮をはぎ，頂上と底を少し切りとったら，3方向から爪楊枝を刺してビンやグラスの上にのせる。
水を腐らせないように注意してこまめに交換すると，タネが発芽する

図2―3　水耕栽培で発芽したようす

日本で多く見られるクスノキ（*Cinnamomum camphora*）はクスノキ属（*Cinnamomum*）で、殺虫剤の樟脳が得られる。ニッケイ（肉桂、*C. okinawense*）もクスノキ属で、根皮を桂皮の代用として用いる。

(3) 果実はごつごつした洋ナシ型

①アリゲーター・ペアーの異名も

アリゲーター・ペアー（ワニ梨）という異名は、果皮がワニの皮のようにごつごつしていることから呼ばれるようになったという説と、ワニが住んでいる地域でアボカドが生育していたから呼ばれるようになったという説がある（アボカドの根は湿地帯ではすぐに根腐れ病にかかってしまうので、ワニの住むような湿地帯では育たないはずなのだが）。

輸入されている「ハス」という品種の果皮は、まさしく恐竜の皮膚のようだ。グアテマラ系のアボカドにも果皮がごつごつしたものが多くみられるので、やはり果皮の特徴からそう呼ばれると理解したほうがよさそうである。

「ハス」とは異なり果皮が滑らかで美しい品種もあるが、こういう品種は果皮が薄くて病気におかされやすく、輸送性が低いという欠点も持ち合わせている。「ハス」は、豊産性という特徴とともに、この果皮の厚さゆえの輸送性の高さから、急激に増産されるようになったのである。

②国産にあう品種の果皮色は特徴的なアボカドグリーン

日本の店先に並んでいるのはメキシコ産の「ハス」（次ページ図2―4）という、熟してくると果皮が黒紫色になる品種である。しかしアボカドには「アボカドグリーン」という言葉があるくらい果皮が緑色の品種が多く、果皮が黒紫色になる品種はマイナーな部類に入る。

国産にあうと述べた「ベーコン」と「フェルテ」の二品種も果皮は緑色になり、「ベーコン」は深緑色、「フェルテ」は緑色にやや灰色っぽい紋様がはいっている。どちらも果皮の表面は滑らかで、収穫直後の果実はとても美しいも

「アボガド」か「アボカド」か

日本でアボカドがアボガドと呼ばれることがあるのは、日本人にとってアボガドのほうが発音しやすかったからだろう。理科の授業で「アボガドロの法則」なんてまぎらわしい言葉を習うものだから、なおさらアボガドという呼び名が誤って定着してしまったのかもしれない。

さて、アボカドだけでなく、アフアカテ（Ahuacate）、アグアカテ（Aguacate）、アリゲーター・ペアー（Alligator pear）など、さまざまな呼び方をされていた名称をAvocadoに統一して呼ばれるようになったのは、一九一五年十月二十三日のカリフォルニア・アボカド協会の年次会議からである。

当時アメリカではアリゲーター・ペアーが多く用いられていたが、この年次会議で「今後アボカドを商業ベースで市場に定着させていくにはどんな呼び方がもっともふさわしいか」という大論争があり、それによってさまざまな呼び名のなかからAvocadoでいこうということに決まったのである。

のだ。沖縄県石垣市で栽培されているグアテマラ系品種「川平」も美しい緑色をしている（78ページ）。

筆者が二〇〇六年十月にベトナムの高地ダラット市の市場で見かけたアボカドにはさまざまな色と形がみられ（図2―5、2―6）、この多様な特徴から、ここではまだ交配による実生繁殖で栽培し

図2―4　フェルテ（左上），ベーコン（右上），ハス（下）

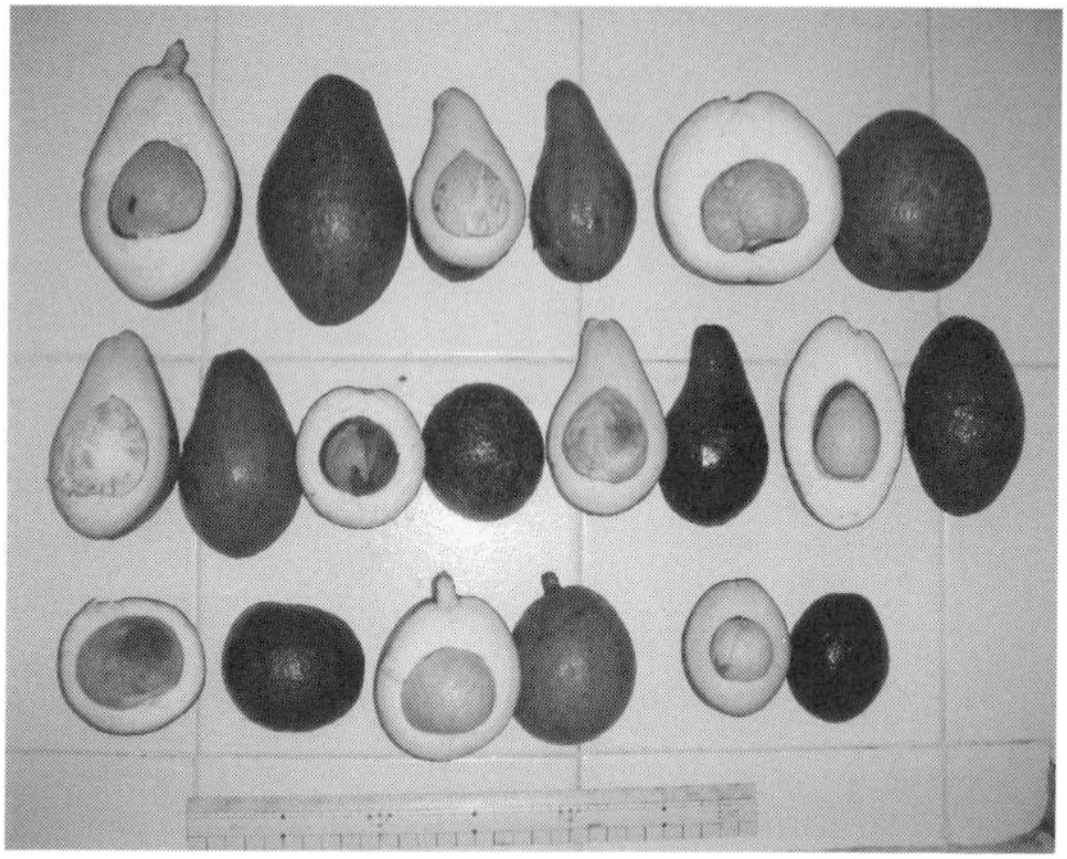

図2―5　ベトナムで見つけたアボカド

さまざまな色と形がある

図2―6 ベトナムの市場で売られるアボカド

ていることがよくわかった。

(4) 大正四年、静岡県に本格導入

わが国に最初にアボカドが導入されたのは一九一五（大正四）年で、アメリカ農務省より静岡市清水区興津の園芸試験場（現果樹研究所カンキツ研究興津拠点）に寄贈された。しかし、この樹は大正の終わりに寒波で枯死した。興津拠点に現在ある樹は、一九五五年ころにハワイからタネを導入したとされる。

日本で最初にアボカド栽培の研究をされたのは、沼津市西浦にあった旧興農学園農業科研究所の古里和夫氏（故人）であろう。氏は同研究所の温室や農場で実生苗を育成して、アボカドの適応性を調査し、一九六一年にはアメリカより「ベーコン」「ズタノ」「フェルテ」「ヤルナ」「デューク」「エメラルド」「エドラノール」「ハス」「メキシコーラ」など一〇品種を導入した。沼津市の山田寿太郎氏も、古里氏より譲り受けたアボカドを長年栽培している。おそらく山田氏がアボカドを経済栽培した最初の農家だろう。

和歌山県へは新宮市の土井春作・種吉兄弟が一九三七年ころに導入した。同じころに同市佐野の奥村氏に譲渡された樹（「フェルテ」）は、一九五九年の伊勢湾台風で倒伏したが、現在でも結実している。和歌山市古屋の井上潤二氏は、一九五四年にカリフォルニアより持ち帰ったタネをは種し、一九五九年に穂木を接ぎ木したものが現在も結実している。

筆者は、一九八六～一九九六年の和歌山県果樹園芸試験場に勤務していたころにカリフォルニアよりタネや穂木を導入し、接ぎ木苗を県下の栽培希望農家に配布した。それらのうちの生き残った樹が現在多数の実をならせており、アボカドブームで注目されている。

2　生育特性と栽培のポイント

(1)　根が浅いので排水に注意

①根域は地表から六〇センチ以内

アボカドの根は主根が数本に分かれて横方向に伸び、それらの主根から側根が多数発生する。側根からはさらに多くの細根が伸びて養水分を吸収している。そのため根の深さは比較的浅く、根の七〇～八〇％は地表より六〇センチ以内に存在し、そのなかでも有効なはたらきをする細根のほとんどは〇～二〇センチのところに存在する。また、根が樹冠の外まで伸びることはまれである。

アボカドは傾斜地での栽培が適している。これは冬に冷気が停滞しないことと、雨水が下方向へ排出されることによる。アボカドの根は酸素を多量に要求するという特性があり、傾斜地での栽培は、平地のように長時間にわたり滞水することがないので、アボカドの根が酸素欠乏におちいる危険性が少ないのである。

したがって、排水性、通気性のよいことが土壌の条件となる。地下水位の高いところでは初期生育はよいが、一〇年くらいすると突然枯死するものが現われる。これは、アボカド最大の病気であるフィトフトラシナモミ（*Phytophthora cinnamomi*）というカビによる根腐れ病である。

②有機物マルチで細根を増やす

表層土壌に素麺のようなやや太めの白い細根がびっしり生育している状態が理想的である。そのためには落ち葉や敷草など有機マルチで土壌を覆ってやることが有効だ。

アボカドは成木になるころには自分の落ち葉で有機物のマルチを形成するが、幼木時には敷草などしてやることが樹の生育には重要である。収量のよしあしもこの細根の活動にかかっている。

③夏の乾燥対策が大事

根が酸素を要求することから排水性のよい土壌が適しているが、そういう土壌は夏場に乾燥しやすいものである。そのため、アボカドの収量はかん水をうまくやれるかどうかにより増減する。

イスラエルでの実験では五〇〇～六〇〇ミリの冬の降雨に加えて、雨のない夏にはほ場全面に六五〇ミリに相当する水をかん水する必要があるとされる。日本でも梅雨明けからお盆過ぎまでの高温乾燥時に落葉するほどの乾燥ストレスにあうと、その樹は回復困難な状況におちいるため、どれだけかん水できるかで収量が決まる。

(2) 新梢伸長は春と夏の二回

①春枝に充実した結果枝がつく

開花期の五～六月に花房の中心部から春枝と呼ばれる新梢が発生する。この新梢につく葉が果実生産に重要である。しかし、新梢と果実のあいだで養水分の競合もおこる。新梢の発育が旺盛なばあい、果実が生理落果してしまう。

幼木の時期にはこのような現象がよくみられ、がっかりさせられるもの。こういうばあいは、新梢の摘心作業を繰り返すことで、枝の数を増やし、強い枝をつくらないことだ。最近では、植物生長調節剤を開花期に散布することで、新梢の発育を抑えて果実生産を増加させることも可能になってきている。

②夏枝は発育枝になる

五月の開花時に発生した春枝は六月には硬化して緑色になり、光合成産物が十分に蓄えられるようになる。七月中旬以後に、果実のなっていない春枝の先端部から新梢が発生する。この新梢を夏枝といい、一カ月後には硬化して光合成を活発に行なうようになって、果実肥大に有効にはたらく。なお、着果した春枝の先端には新梢は出ない。

夏枝のなかで直立したものや切り返しせん定を行なったものでは、九月中旬以後にふたたび先端部から新梢が発生する。これらの新梢は伸長して硬化する前に先端部を摘心してやることで、側枝が多く生長し、新梢の徒長を防ぐと同時に樹冠を横方向に拡大するのに役立つ。

七月中旬～九月中旬に発生する枝は、樹の形成に必要で、来年の結果枝ともなる。しっかり摘心して枝数を増やし、着葉数も増加させるようにしたい。

③管理はカンキツと同じ

常緑樹であるアボカドの栽培管理は、基本的にはカンキツと同じと考えてよい。カンキツ同様、アボカドにも早生（西インド系、メキシコ系）と晩生（グアテマラ系）があり、晩生種は樹上越冬して翌年の春に収穫するのがふつうである。開花期、その後の生理落果、果実肥大・成熟もカンキツとほぼ同じパターンである（次ページ図2―7）。

大きく異なる点は、カンキツが果汁（糖と酸）を果実中に蓄えるのに対して、アボカドは油分を蓄えることである。

8	9	10	11	12
←果実肥大期→			←収穫期→	
		←発芽期→		
←かん水→		←施肥→		

栽培暦

は約2カ月早くなる

④新梢伸長期に大量落葉——旧葉とおきかわる

アボカドの葉の寿命は驚くほど短く、一〇～一二カ月ほどと述べたが、日本ではそれよりも短くなる。冬の低温によって夏に発生した葉が落葉するためである。五～六月に発芽した春葉も、七～八月に発芽した夏葉も冬の寒さで落葉することが多く、さらに、春先からの花芽の発育期間中にも落葉する。これは葉の養分が花芽のほうに転流しているためと考えられ、開花と新梢伸長が重なる五～六月に旧葉がほとんど全部落葉してしまうことさえある（図2—8）。

図2―8　着花過多による葉の黄化

1月	2	3	4	5	6	7
←収穫期→				←開花期→	←生理落果期→	
	←冷蔵貯蔵→		←出蕾・発芽期→			←発芽期→
←防寒対策→			←施肥→			←施肥→

図2―7　アボカドの

注）本州で品種「ベーコン」,「フェルテ」を栽培する場合。沖縄で

このような状況は好ましいものではなく、開花時に旧葉がある程度残って光合成を行なっている状態でないと、結実後に生理落果が多くなってしまう。夏秋季に発芽した葉に十分な栄養分を蓄えさせておき、冬季に寒害や寒風にさらさない工夫が大切である。

(3)　独特の開花特性――二つの開花型

①前年に出た枝の先端で開花結実

前年発生した枝の先端部に花芽が着生する。年末には芽の内部で花芽

図2―9　枝の先端についた花芽
花芽は丸みを帯びている

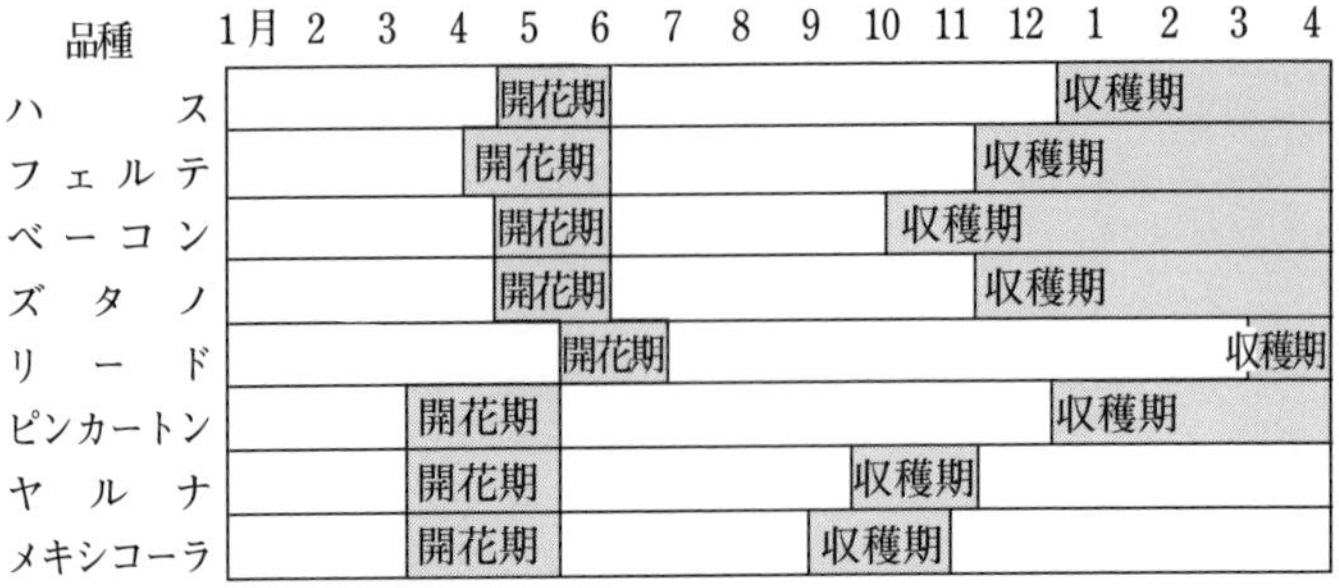

図2―10　和歌山における品種別開花期および収穫期

の分化は完了している（井上弘明らの観察による）。春先には花芽は丸みを帯びており、葉芽は尖っているため見分けがつく（前ページ図２―９）。三月ころから花芽の生長が早くなり、四月にはいわゆる花房（花序）と呼ばれる状態になる。アボカドの花は難しい言葉で「二《に》出《しゅつ》集繖《しゅうさん》花序《かじょ》」という。房状の花がつく果樹には、ほかにマンゴー、レイシ、リュウガン、ゴレンシなどがある。

②開花期は四月下旬～六月

花房の開花始めは「ピンカートン」など開花時期の早い品種では四月ころからだが、たいていの品種では五～六月にかけて開花のピークを迎える。花房には多数の小花がついており、これらは一度に開花するのではなく、だらだらと開花していく（図２―10）。

③新梢が伸びる有葉花房と伸びない直花

アボカドの花房には新梢をともなうものとそうでないものがあり、前者を「有葉花房（無限花序）」（図２―11）、後者を「直花《じきばな》」または「無葉花房（有限花序）」（図２―12）という。樹勢が弱ってくると無葉花房が多くなり、そういう樹では結実してもその果実を養う葉がないものだから、さらに樹が弱ってしまう。

④品種によって異なる受精適期——両性花だが、雌雄異熟

アボカドの花は両性花だが、雌ずいと雄ずいの成熟期間が異なる雌雄異熟花である。そこで、雌ずいと雄ずいの活動時間の相違から「Aタイプ」と「Bタイプ」に品種を分けている。

図2−11　有葉花房
花房の先端に新梢がつく

図2−12　直花（無葉花房）
新梢はつかず，枝の先端に花のみがつく

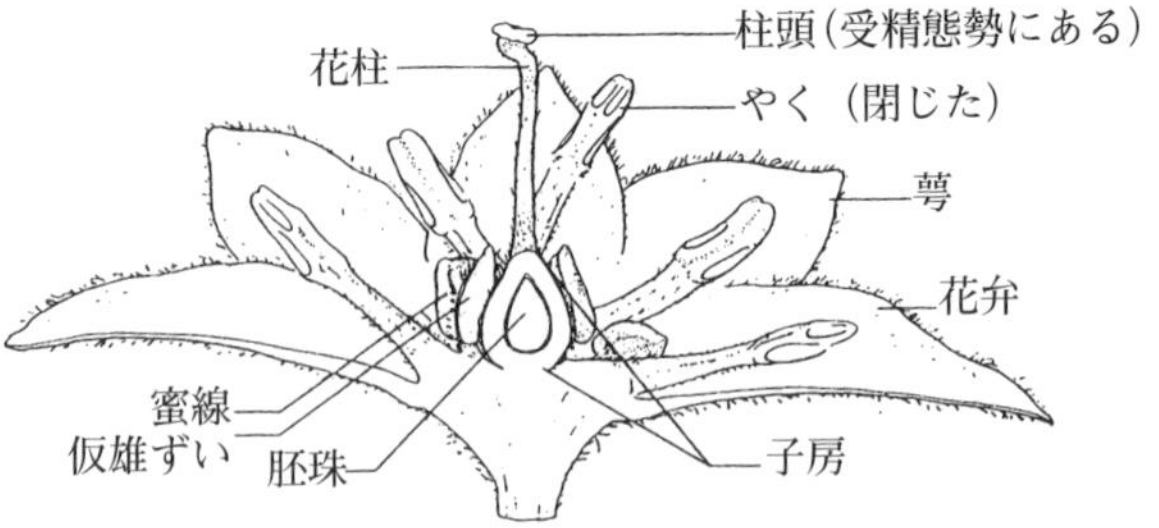

①雌ステージ

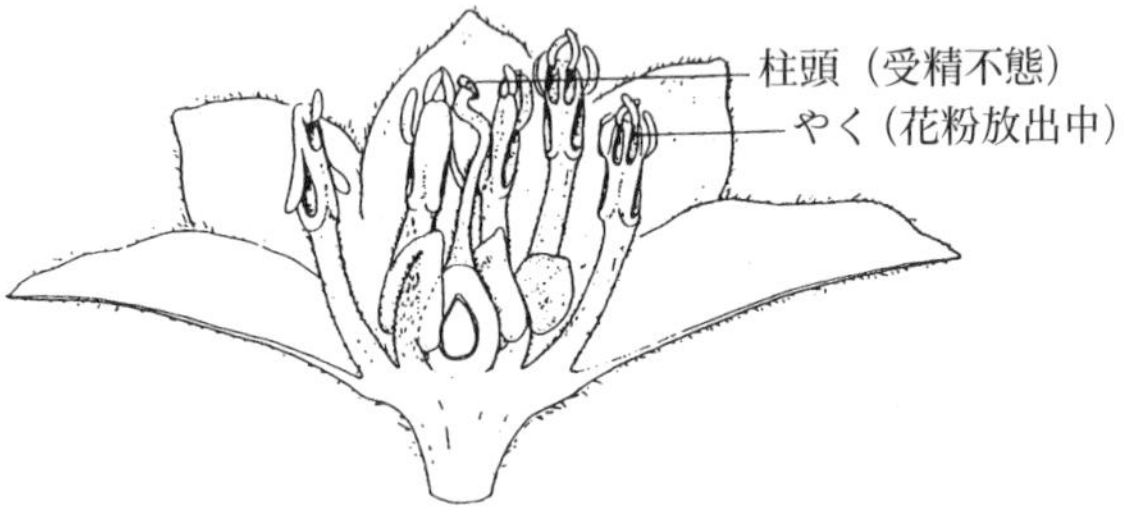

②雄ステージ

図2−13　雌ずいと雄ずいそれぞれが成熟したときの形態の変化
雌ステージでは雌ずいが成熟し受精態勢に入り，雄ステージでは雄ずいが成熟して花粉が放出される

図2−15　雄ステージの小花

図2−14　雌ステージの小花

午前中に開花してまず雌ずいが受精態勢に入り（図2―13①、2―14）、午後にはいったん花弁を閉じ、翌日の午後にふたたび開花して今度は雄ずいから花粉が放出される（図2―13②、2―15）ものを「Aタイプ」と呼ぶ。

午後に開花して受精態勢となり、夕方には花弁を閉じて翌朝にふたたび開花して花粉を放出するものを「Bタイプ」と呼ぶ。

開花型	1回目		2回目	
	午前	午後	午前	午後
A	♀	―	―	♂
B	―	♀	♂	―

図2―16　アボカドA，B両タイプの開花型と雌雄のステージ

A、B両タイプの雌ずいと雄ずいの活動時間をわかりやすく図示したのが図2―16である。AとBの両タイプの品種を混植しておけば、理論上は受粉が行なわれる期間の重複する時間が多くなり、着果量も多くなる。

⑤受粉は虫媒で

アボカドの花は雌雄異熟であり、自家受粉はおこらない。風による花粉の飛散もないことから、花粉は昆虫によって媒介される。開花期のアボカドの樹にはミツバチ、ハエ、ハナアブ、アリなどさまざまな昆虫が訪花しているのが観察される。

カリフォルニアでの実験で、ミツバチの巣箱を入れた畑と入れなかった畑では、ミツバチを放飼した畑の結実率が高かったことから、わが国のアボカド栽培でもミチバチの巣箱は導入したい。

(4) とても低い結果率

①「一万花分の一果」

井上らの観察によると、伊豆でのアボカドの結果率（着花数に対して収穫した果実の割合）は〇・〇〇七〜〇・〇三八%と非常に低いことが示されている。低いもので一万四二八六花に一果実、高いもので二六三二花に一果実しか結実しないことになる。だから、アボカドは子孫を残すために、こんなにも多くの花をつけるのである。

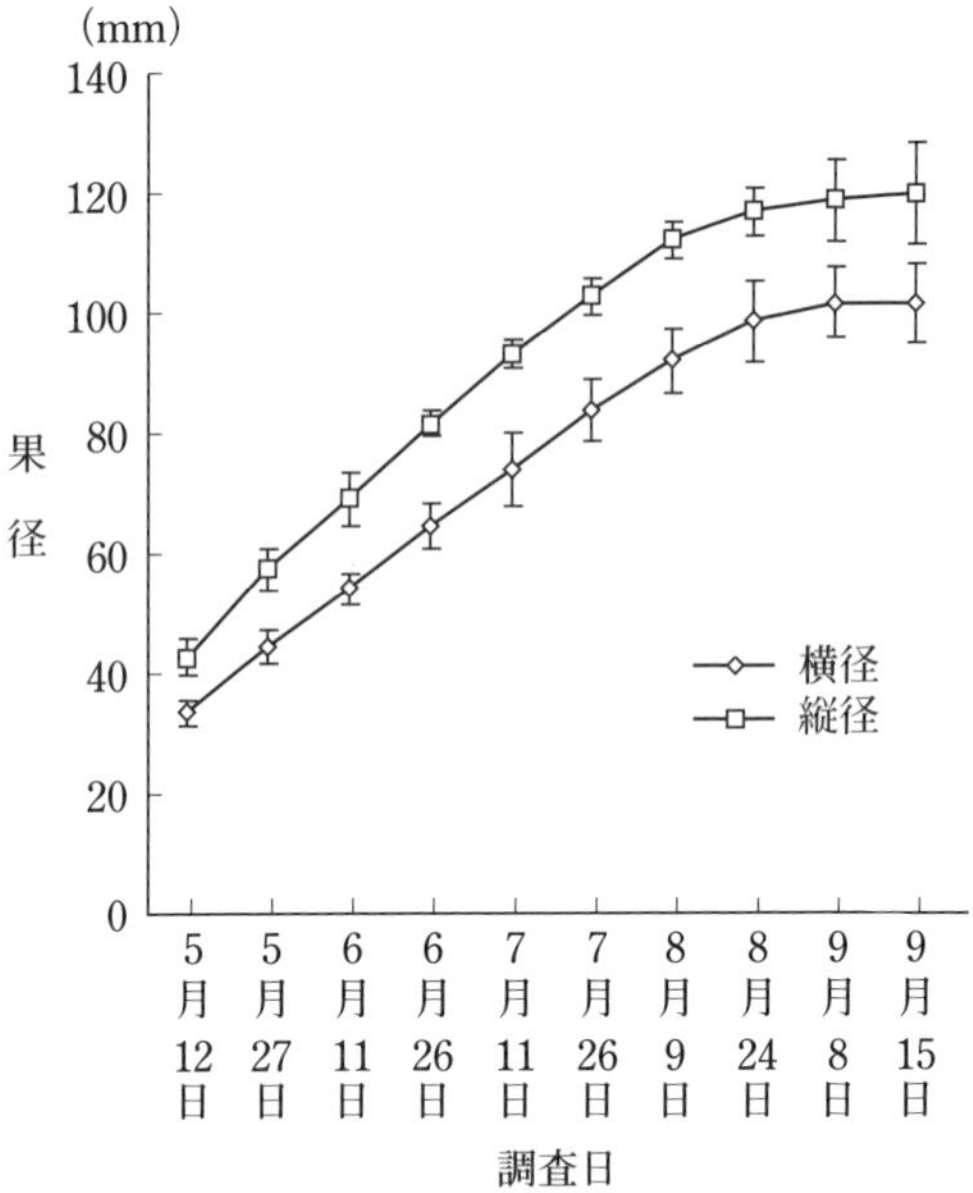

図2−17　2006年石垣島での果実肥大曲線

②不受精花、果実間の養分競合で落花（果）

開花後数日で不受精花は落花し、満開時には樹冠下に花が敷きつめられた状態になる。アボカド果実の生

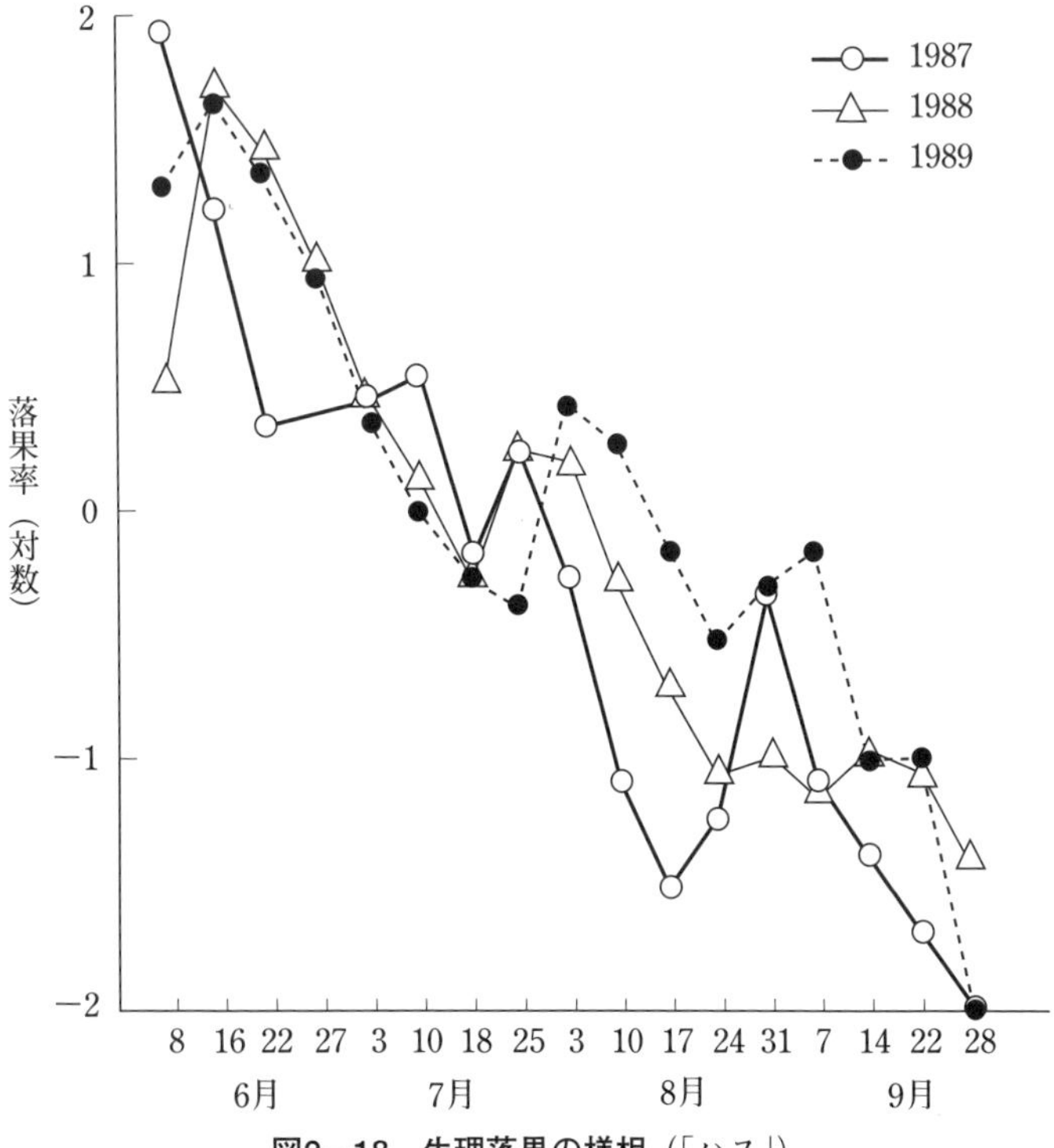

図2−18　生理落果の様相（「ハス」）

長・肥大はS字型生長曲線を描く（図2—17）。受精した果実は急速に肥大するが、アズキ大、ダイズ大になる過程でも多くの生理落果がみられる。そのあともビワの実大になっても落果するため、がっかりさせられるかもしれない（図2—18）。

これらの生理落果は果実間あるいは果実と新梢間の養水分の競合により引きおこされるものと思われる。筆者の経験から、タネを包む種皮の新鮮重量が一グラム以上になるころ（鶏卵大）からは生理落果の心配がなくなる。これは種皮からジベレリン様植物生長ホルモンが出て果実肥大を促進すると同時に、果梗に落果の原因になる離層ができるのを防止するためである。

③風害にも弱い

受粉・受精が順調に行なわれ、生理落果も無事に通り抜けたと思っても、強風にあうと果実は落果してしまう。アボカドはマンゴーと同じで果梗が長く、果実がぶらぶらとぶら下がっているので、強風で果梗がちぎれて落果する。そのため防風対策をしておかないと、台風通過後に果実が地面に敷きつめられるという事態になってしまうのである。

④確実な着花管理を

雌雄異熟のタイムラグを補って花粉を媒介してくれるのがミツバチである。AとBタイプを混植するだけでなく、開花期にはミツバチの巣箱をアボカド樹の近くに置くなどして、受粉の確率を高めることも重要だ。問題は、ミツバチがアボカドの花よりもカンキツの花を好み、そちらのほうに行ってしまうことである。

しかし、カンキツの開花は五月中旬で終了し、アボカドはその後も開花するので、五月中旬以降にはミツバチが受粉に有効にはたらくことになる。

(5) 果実は追熟が必要――キウイと同じ

①樹上にあるかぎり肥大

ふつうの果樹は、受精してから果実の細胞数が増え、そのあとに細胞が肥大して果実が大きくなる。ところが、アボカドの果実は細胞分裂がいつまでも続くため、樹上にあるかぎり果実は肥大し続ける。さらに、アボカドの果梗部には果実の追熟を阻害する植物ホルモンがあり、樹にぶらさがっているかぎり果実は軟化しない。

果実を軟化させるには果梗部を切り離してやることが必要である。このように硬い果実を収穫して追熟させ、軟化した果実を食べる果樹には、ほかにキウイフルーツ、西洋ナシ、チェリモヤ、アテモヤなどがある。

②樹上におくほど濃厚な味に

カンキツやリンゴなどほとんどの果実は、果実の生長過程で果汁が増え、果汁中の糖や酸が増える。またチェリモヤやアテモヤではデンプンが果実中に蓄えられ、追熟過程でこのデンプンが糖や酸に変化する。ところがアボカドでは水分と油分が果実中に蓄えられるだけで、糖やデンプンを蓄えることはない。

アボカド果実中の水分と油分には負の相関があり、果実が生長するにしたがい水分が減少し、反対

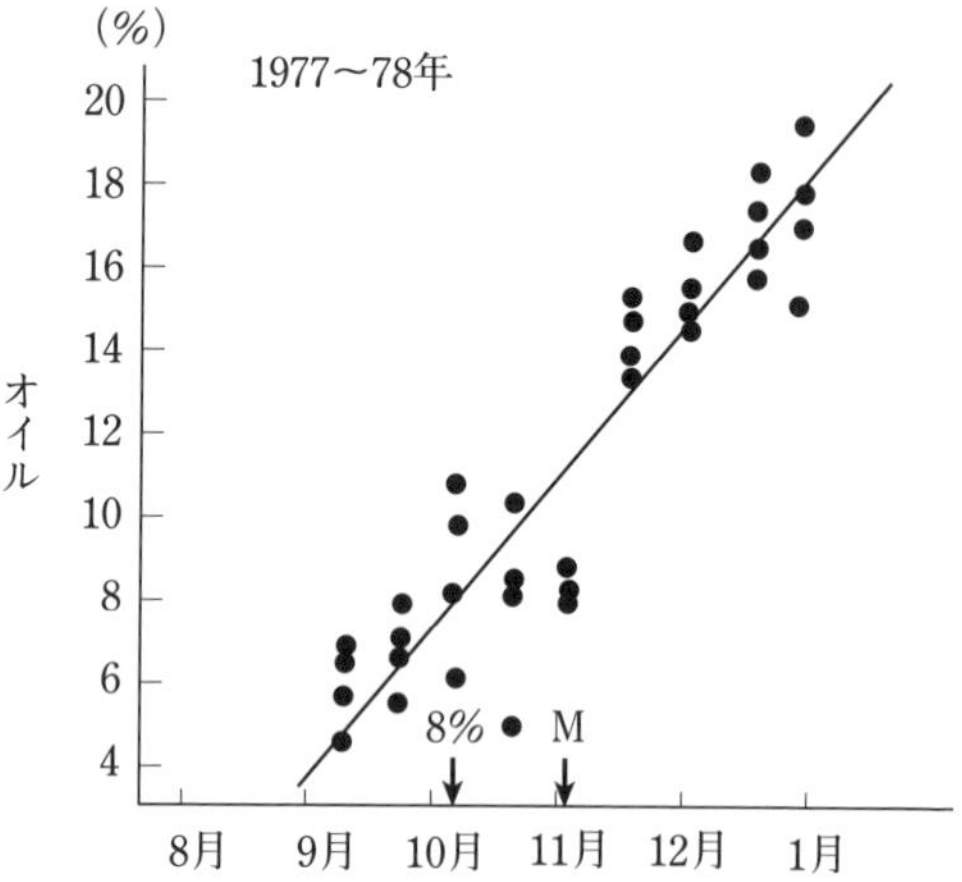

図2—19　カリフォルニア州アーバインにおけるフェルテのオイル含量
（カリフォルニア アボカド グローワーズ，1983年9月）
注）矢印8%は平均8%に達した日を示す
矢印Mは食味テストで合格した日を示す

に油分が増加していくのである。すなわち、樹上に長くおけばおくほど油分が増えて濃厚な味になる（図2—19）。反対に、未熟な果実を収穫してしまうと、油分が足りずに水くさい味になってしまう。

③収穫時期は乾物率で予測

おいしい果実を収穫するためには、油分が八%以上になればよいことがアメリカでの食味調査の結果からわかり、アボカドの収穫開始時の目安として今まで使われてきた。

表2—1はカリフォルニアでの主要品種の熟期の油分である。ところがこの油分を測定するのが面倒なことから、油分八%になる時期の乾物率を調べておき、最近はそれを目安に収穫期を予測するようになっている。乾物率をみることで、果実中の水分の減少（すなわち油分の増加）を調べるのである。これによると、早生品種で一九%、晩生品種でも二〇%以上の乾物率になれば、なんとか食べら

れる（表2—2）。

筆者が和歌山県で調査した結果、乾物率が二〇％に達したのは「ヤルナ」と「メキシコーラ」で九月と早く、「ベーコン」、「ズタノ」、「フェルテ」で十月中旬、「ハス」でも十月下旬で、晩生の「グウェン」や「ホイッセル」では十一月だった（乾物率の求め方は115ページ参照）。

表2—1　アボカド主要品種の油分

品種	生果肉中油分（%）
ズタノ	7～16
ベーコン	8～16
フェルテ	8～16
ハス	10～18
リード	12～18

（カリフォルニア アボカド グローワーズ，1983年4月）

表2—2　品種別熟期における果肉乾物率

品　種	乾物率A	乾物率B
アナハイム	20.5	
エドラノール		25.0（南アフリカ）
グウェン		25.9
クリフトン	18.4	
ジム	19.0	
スーザン	18.1	
ズタノ	18.6	18.2～19.7
ハス	20.0	20.7～23.1
ピンカートン	19.4	20
フェルテ	19.8	20.5～21.2
ベーコン	19.7	19.5～20.0
ライアン		20.0（南アフリカ）
リード	19.2	

注）乾物率A：カリフォルニア アボカド グローワーズ（1983年9月）より
　乾物率B：アメリカでの全生産シーズン中の許容範囲（CABI publishing，2002）

④室温で追熟、軟化させて食べる

アボカドは樹から収穫して初めて軟化が始まる。この過程で、まずエチレンが発生し、その後呼吸量が急速に高まる「クライマクテリック型果実」である。

収穫後に軟化させることを追熟といい、気温が高いと短期間で、反対に低いと長期間かかり、追熟が完了して軟化する。ふつう、二〇～二五℃の室温に置いて追熟させれば、七～一〇日間程度で軟化して食べごろになる。

早く食べたいときには、エチレンを出すリンゴなどと一緒に袋に入れてやると、早く軟化する。高温で追熟させると、均一に軟化しなかったり、嫌な臭いを生じたりすることがあるので、追熟の温度は三〇℃以下にするよう心がける。

(6) 隔年結果性が強い

果実中に油分を蓄えることは樹にとってはたいへんなエネギーを必要とすることで、果実生産量が多かった翌年には生産量が減少し、その次の年にはまた回復するという、いわゆる隔年結果性を示す。「ベーコン」や「フェルテ」では樹全体が隔年結果するが、「ハス」では一樹内の主枝単位で隔年結果することが多い。そのため「ハス」は毎年どこかの枝で結果することから、収量が安定している。

隔年結果を少なくするには、施肥やかん水をこまめに行ない、樹勢を保つ努力をする以外にない。

第3章 品種の特性と生かし方

1 大きくは三系統に分類

(1) 全部集めると一〇〇〇品種以上

クスノキ科ワニナシ属のアボカドにはメキシコ系（*P. americana* var. *drymifolia*）、グアテマラ系（*P. americana* var. *guatemalensis*）、西インド諸島系（熱帯低地系、*P. americana* var. *americana*）の植物学的三種がある。これがいわゆる地理学的な三系統にあたる。

これらの染色体数は2n＝24と同じで、どの組み合わせでも交配が可能である。そのため種間雑種も多く、世界中には一〇〇〇以上の品種があるといわれている（66ページ表3—1）。

(2) アボカドの系統別特性

①メキシコ系

葉にアニス（ウイキョウ）の香りがあり、花は毛じで被われ、三系統中もっとも早く開花する。果実は小さく、果皮も薄くて〇・七五ミリ以上の厚さになることはまれである。果実中のタネ割合が大きく、可食部が少ない。タネと果肉とのあいだに空間が生じやすく、熟期になって果実を揺するとタネがコロコロ音を立てるほどだ。果肉は黄色で強い香りがあり、食味は濃厚である。ときには果肉にアニス香や繊維があることもある。

果実は開花から約六～八カ月で成熟期に達する。三系統中もっとも耐寒性があり、高温や乾燥にも強いが、土壌中の塩類集積にはもっとも弱い。耐寒性が強いことから、温帯でも栽培可能である。

②グアテマラ系

葉にアニス香はなく、若い葉は赤みを帯びている。果実の大きさは大小さまざまで、果皮は厚く、六ミリ以上になるものもある。果皮は皮革様のものから木質化しているものもある。果実中のタネ割合は比較的少なく、可食部が多い。タネと果肉は密着している。果肉の香りは中庸で、ややアニス香を含むこともある。果肉色は薄黄色から黄色で、食味は濃厚である。

果実の成熟には開花から一〇〜一五カ月を要する。耐寒性、耐塩性ともにほかの二系統の中間である。無霜地帯ならば栽培可能で、グアテマラ系の品種「ハス」は和歌山県の一部で栽培されており、沖縄県であれば問題なく栽培できる。

③西インド諸島系（熱帯低地系）

葉にアニス香はなく、果実は小果から大果までさまざまである。果皮は皮革様で薄く、一・五ミリ以上になることはまれである。果実中のタネ割合は比較的大きく、タネと果肉のあいだに空間が生じることもまれにある。果肉はクリーム色、食味は淡泊で、三系統中もっとも油分含量が少ない。

果実は開花から約五〜八カ月で成熟期に達する。耐寒性、耐乾性ともに非常に弱く、カリフォルニアでは栽培不可能とされるが、沖縄では栽培可能。土壌中の塩類集積にはもっとも強い。果梗基部（果実との接点）が膨らんで、釘の頭の部分のようになっているのが特徴である。

マイナー品種の特性

熟期（月）	収量 海岸部	収量 内陸部	耐寒性	樹形	系統
6～8	多	中上	弱	直立性	グアテマラ系
10～1	多	多	強	直立性	メキシコ系×グアテマラ系
10～1			強		メキシコ系
6～7					グアテマラ系
9～11	中	中	強	開張	メキシコ系
3～11	中	中	弱	直立性	グアテマラ系
5～6	中	中	中	直立性	ほとんどグアテマラ系
晩秋			強		ほとんどメキシコ系
11～6	少	多（各年）	中	開張	メキシコ系×グアテマラ系
4～11	多	多	弱	開張	グアテマラ系
11～1	多	多	強	直立性	メキシコ系×グアテマラ系
8～11	多	多	弱	開張	グアテマラ系
8～10	多	多	強	開張	メキシコ系
6～10	不安定	不安定	弱	直立性	グアテマラ系
10～12		多	強	開張	メキシコ系×グアテマラ系
11～2	中	中	強	開張	メキシコ系
6～11	多	多	弱	直立性	グアテマラ系
3～5	不安定	不安定	弱	開張	グアテマラ系，交雑種
9～11		多	強	開張	メキシコ系
11～12	中	中	強	開張	交雑種
夏	多	多	弱	直立性	ほとんどグアテマラ系
9～12	多	多	強	直立性	メキシコ系
5～9	不安定	不安定	弱	開張	グアテマラ系
9～10	不安定	不安定	超強	直立性	メキシコ系
12～1	多	多	強	直立性	メキシコ系×グアテマラ系
晩秋	超多		中	開張	グアテマラ系
10～3			強	直立性	メキシコ系×グアテマラ系

表3－1　主要および

品種＼特性	開花型	食味	オイル含量(%)	1果重(g)	果　形	果皮色
アナハイム	A	良	10～12	510～907	卵形	緑
ベーコン	B	優	18	220～340	卵形～西洋ナシ形	緑
クリフトン	B	優	19	250～280	西洋ナシ形	緑
コロナ		優	24	200	卵形	緑
デューク	A	良	15	220～340	西洋ナシ形	緑
エドラノール	B	秀	22	220～400	西洋ナシ形	緑
エルシー	B	優	18～24	220～400	西洋ナシ形	緑
エティンガー		優	多	220～340	西洋ナシ形	緑
フェルテ	B	秀	18	220～400	西洋ナシ形	緑
ハス	A	秀	18～25	200～340	短西洋ナシ形	黒
ジム		優		170～230	長西洋ナシ形	緑
マッカーサー	A	良	14	400	西洋ナシ形	緑
メキシコーラ	A	優	多	85～140	短西洋ナシ形	黒
ネーブル		秀	16	340～480	球形	緑
ノウェルズ	A	優	18	280	西洋ナシ形	緑
プエブロ	A	優	19	310	卵形	紫
リード	A	秀	19～20	340～510	球形	緑
リンコン	A	優	17	200～280	西洋ナシ形	緑
スーザン		優	中	140～230	近球形	緑
ティーグ		優	12	220～400	卵形	緑
ハス＃5		秀	19	220～280	卵形	緑
トパトパ	A	良	15	170～280	西洋ナシ形	黒
ワーツ		良		220～280	西洋ナシ形	緑
ヤマ	A	優	多	170～230	西洋ナシ形	緑
ズタノ	B	優	16	280	西洋ナシ形	緑
ピンカートン	A	秀	多	340	西洋ナシ形	緑
サンタナ	B	優		340	西洋ナシ形	緑

注）ブローカウナーセリー資料より筆者作成

2　日本向きはメキシコ系とグアテマラ系品種

(1)　品種選びのポイント

①耐寒性

日本でアボカド栽培を考えるときに、最初に考えなければならないことは、冬の寒さである。いくら努力しても、露地栽培では限界がある。耐寒性がもっとも優れるのはメキシコ系の品種で、カリフォルニアの日系移民で山口正太郎さんという方は、「グリーンヤマ」という耐寒性の強い（マイナス六℃まで耐える）品種を選抜し、栽培に成功した。そのほかにも「メキシコーラ」「デューク」「プエブロ」「トパトパ」など耐寒性のあるメキシコ系品種があるが、いずれも果実品質があまりよくないので、台木として利用されている。

わが国で栽培されている「ベーコン」と「フェルテ」はメキシコ系とグアテマラ系の交雑種で、年間最低気温がマイナス四℃以下に下がらないところで栽培可能である。グアテマラ系の「ハス」はマイナス二℃以下になるところでは栽培不可能である。

②着果性

着果性に優れるのは「ハス」である（図3―1）。この品種では平均反収一トンの収量が見込める。カリフォルニア州立大学が「ハス」の実生から選抜して品種登録した新品種「グウェン」は、「ハス」の二倍の収量が上がる豊産性品種だったが、熟期になっても「ハス」のように果皮が黒紫色にならないことから、あまり栽培されなかった。現在では「グウェン」の実生から選抜された「ジェム」という品種があり、「ハス」の三倍くらいの収量が上がるということで注目されている。

日本で栽培されている「ベーコン」や「フェルテ」は隔年結果がひどく、「ハス」の半分の反収〇・五トンの収量と思っていいだろう。

図3―1　ハス

③食　味

もっとも甘味を感じる品種は「ベーコン」である（次ページ図3―2）。私は一〇〇〇品種以上あるといわれるアボカドのすべての品種について食べくらべたわけではないが、カリフォルニア州立大学のアボカドの権威であるバーグ博士も「ベーコン」は甘いといっており、間違いないだろう。

図3—2　ベーコン

図3—3　フェルテ

「フェルテ」はアボカド産業発展の立役者で、「ハス」が登場するまではもっとも多く栽培されていた品種である（図3—3）。十二月以降に収穫される「フェルテ」の食味は素晴らしいので、この品種もおすすめである。

④果　重

果実の大きさは品種によりさまざまで、「メキシコーラ」のように一〇〇グラム程度のものから「アナハイム」のように一キロ近くなるもの、さらに大きなものでは「ポロック」という品種で一・四キロになる。なかには二・三キロになるものまである。西インド諸島系は総じて大きく、一キロを超えるものも少なくない。

世界の市場でもっとも多く流通している果実の大きさは二五〇～三五〇グラムである。日本を含む先進国の市場では一七〇～四〇〇グラムのなかに入らない果実は受け入れられない（表3―2）。

表3―2　アボカド果実の等級

	段ボール箱（個入り）	1果重（g）	段ボール1箱の重量（kg）
S級	96	99.2 ～ 106.3	10
	84	106.3 ～ 134.7	10
M級	70	134.7 ～ 177.2	11.35
	60	177.2 ～ 212.6	11.35
L級	48	212.6 ～ 269.3	11.35
	40	269.3 ～ 326.0	11.35
XL級	36	326.0 ～ 354.4	11.35
	32	354.4 ～ 396.9	11.35
	28	396.9 ～ 446.5	11.35
	24	446.5 ～ 531.6	11.35
	20	531.6 ～ 623.7	11.35
	18	623.7 ～ 680.4	11.35
	16	680.4 ～ 793.8	11.35

⑤開花型

アボカドにはAとBの二タイプの開花型があり（53ページ）、受粉確率を高めるためには両者を混植することが望ましい。日本で栽培されている「ベーコン」「フェルテ」「ズタノ」はBタイプに属す。「ハス」はAタイプだが寒さに弱くて降霜地帯では栽培できない。寒さに強いAタイプの品種には、台木用品種の「デューク」「トパトパ」「メキシコーラ」「プエブロ」がある。

本州以北では「ベーコン」「フェルテ」のなかに、これらのAタイプ品種から受粉用、あるいは台木用タネ取りのために一品種を選び、混植するしかないだろう。

⑥果皮色

黒紫色果皮の「ハス」が市場で優勢になるまでは、緑色果皮の「フェルテ」が市場での主流だった。緑色といってもさまざまで、「ズタノ」などは黄色が強い黄緑色で、しかも果皮にテカリがある。「ベーコン」は深緑色でテカリはない。「フェルテ」は灰緑色である。

成熟すると色が変わる「ハス」は、たしかに消費者にとっては便利かもしれないが、それと差別化する意味でも国産アボカドはアボカドグリーンが好ましい。さらに、アボカドは野菜的果樹で健康食品であるイメージを高めるためにも、緑色が有利ではないかと考える。

(2) 代表的な栽培品種

①ベーコン――耐寒性が強く、食味優れ、多収

メキシコ系とグアテマラ系の交雑種で、一九二八年

代表的な輸入品種「ハス」は晩生で、日本には不向き

「ハス」はグアテマラ系品種で寒さに弱く、マイナス三℃で枯死してしまうため、日本本土での栽培には不向きである。一部無霜地帯で「ハス」が栽培されているが、冬季の寒波が来る前の一月初めには収穫してしまわなければならない。この品種は晩生種で、通常は樹上越冬させて翌年の四月以後に収穫しないと本来の味にならない。それに、輸入品の安い「ハス」が店頭に並んでいるのに、国産の「ハス」を販売しても差別化が困難である。

にカリフォルニアで誕生した。

開花型はBタイプ、「フェルテ」にくらべ、気温の低い地域でも結実性が高い。果重は一七〇～五一〇グラムで、果皮は薄く、炭そ病に弱い。果皮色は深緑色で、果肉色は薄黄緑色。可食部割合は六一％程度で、甘味が強いのが特徴である。耐寒性は高く、マイナス四・四℃まで耐える。樹は直立性で、背が高くなる。

図3―4　ベーコン

図3―5　フェルテ

各国におけるアボカド生産量に占める「ベーコン」の割合は、スペインで九％、カリフォルニアで四％程度である。

②フェルテ——開張性に優れ、タネが小さく果肉が多い

メキシコ系とグアテマラ系の交雑種である。

一九一一年にメキシコのアトリキシコからカリフォルニアに導入され、一九一三年の大寒波で生き残ったことから、その後増産され、アボカド産業発展の立役者となった。「フェルテ」という名前は強健なという意味である。

「フェルテ」は突然変異がおこりやすく、似かよった多数の変異品種が出回っている。開花型はBタイプで、果重は一七〇～五〇〇グラムである。果皮は薄く、炭そ病に弱い。果皮色は緑色で、果肉色は薄黄色。タネは小さく可食部は七五～七七％と多い。食味は濃厚である。樹上貯蔵性が高いが、収穫後の店持ち期間は短い。気温の低い地域での収量は低く、耐寒性はマイナス二・八℃といわれるが、日本に導入されている系統ではマイナス四℃まで耐える。樹は開張性で低樹高栽培に向く。

各国におけるアボカド生産量に占める「フェルテ」の割合は、南アフリカで四五％、イスラエルで一五％、スペインで一四％、オーストラリアで六％、カリフォルニアで二％程度である。日本での流通は「ハス」がおもだが、世界的に見れば南アフリカのように「フェルテ」が主役という国もある。

③ピンカートン——脂肪含量が多く、大玉になり、実の数も多い

グアテマラ系の交雑種で、「リンコン」と「ハス」の自然交雑種と考えられる。一九五九年にカリフォルニアで誕生した。開花型はAタイプで、果重は二三〇～四二五グラムである。果皮は厚く、果面は「ハス」のようにごつごつしている。果皮色は深緑色で、果肉色はクリーム色。可食部は八二％と多く、食味は濃厚である。収穫後の店持ち期間はほかの品種にくらべて長い。耐寒性は弱く、「ハス」や「リード」と同じマイナス二℃程度である。開花期が秋から春と長いことから、さまざまなステージの果実が樹上に存在することになる。炭そ病には比較的強い。樹形は開張性である。

各国におけるアボカド生産量に占めるピンカートンの割合は、イスラエルで一一%、南アフリカで八・五%程度である。

④リード――沖縄以南（亜熱帯）向き、果実大きく豊産

図3―6　ピンカートン

図3―7　リード

グアテマラ系で、「アナハイム」と「ネーブル」の自然交雑種と考えられ、一九四八年にカリフォルニアで誕生した。開花型はAタイプで、果重は二七〇～六八〇グラムである。球形の果実で、果皮は

やや厚い。果皮色は緑色で、果肉はクリーム～黄色。可食部は七一～七二％で、食味は濃厚である。店持ち期間は一カ月で「ハス」よりも長い。豊産性であるが耐寒性は弱くマイナス一・一℃程度である。直立性の樹形で、密植栽培することで高い収量を上げられる。

各国でのアボカド生産量に占める「リード」の割合は、イスラエルで八％である。高温多湿のフロリダでは、晩生の高品質果実として重要な品種ではあるが、生産量はわずかである。

(3) 今後導入が有望視されている優良品種

①チョケテ（Choquette）

グアテマラ系×西インド諸島系の交雑種。沖縄県での栽培適性は現在調査中だが、豊産性であると思われる。果実が大きい品種なので、強風による落果が多いことが予想される。本州、四国、九州での栽培は冬季の低温により不可能。

開花型はA、果重は五一〇～一一三三グラム、果皮は輝きのある緑色。中晩生品種で果肉中の油分は八～一三％で食味は良好。

②ミゲル（Miguel）

グアテマラ系×西インド諸島系の交雑種。沖縄県での栽培適性は現在調査中だが、豊産性であると思われる。果実が大きい品種なので、強風による落果が多いことが予想される。本州、四国、九州での栽培は冬季の低温により不可能。

開花型はB、果重は五一〇〜八一〇グラム、果皮は濃緑色。早中生品種で食味は良好。

③モンロー（Monroe）

グアテマラ系×西インド諸島系の交雑種。沖縄県での栽培適性は現在調査中だが、豊産性であると思われる。果実が大きい品種なので、強風による落果が多いことが予想される。本州、四国、九州での栽培は冬季の低温により不可能。

開花型はB、果重は四五三〜一一三三グラム、果皮は輝きのある深緑色。晩生品種で果肉中の油分は六・一〜一四％で食味は良好。

④シモンズ（Simmonds）

西インド諸島系の実生。沖縄県での栽培適性は現在調査中だが、豊産性であると思われる。果実が大きい品種なので、強風による落果が多いことが予想される。本州、四国、九州での栽培は冬季の低温により不可能。

開花型はA、果重は四五三〜九六三グラム、果皮は輝きのある淡緑色。早生品種で果肉中の油分は三・三〜五・〇％で食味は良好。

⑤シャーウィル（Sharwil）

グアテマラ系であるがわずかにメキシコ系の血も入っている。沖縄県と気候が類似したハワイ島で豊産性なので、沖縄県ではよく結実すると思われる。果実の大きさも販売に適した中玉であり、有望な品種と思われる。ただ、中生品種なので、果実の熟期が台風シーズンと重なることが難点である。この品種は本州、四国、九州の無霜地帯で栽培可能であるが、開花期の低温で結実性が非常に低い。樹は開張性で、樹性は強い。新芽がとくに赤いのが特徴。開花型はB、果重は二四五～四七五グラム、果皮は輝きのある緑色。中生品種で、果肉は濃黄色、濃厚な食味である。

(4) 石垣島の優良品種

石垣島の川平湾の近くで栽培されているアボカドは品種の詳細は不明だが、「川平」と名づけて栽培している。この「川平」は摘果しなければならないほど豊産性の品種である。タイから導入されたアボカドで、おそらくグアテマラ系×西インド諸島系の交雑種と思われる。

果皮は濃緑色で、果重は四六〇～八〇〇グラム、果肉中の油分は五％前後で、食味は良好である。

図3−8　川平

(5) そのほかの注目品種

ここにあげる品種はいずれもパテントの関係で、日本国内ではまだ栽培できないが、気候的には作付け可能。

①ハーベスト――密植が可能で超多収

カリフォルニア大学のバーグ博士らが、より豊産性の品種を開発する目的で、何万本もの「ハス」の実生から選抜した「グウェン」という品種がある。この「グウェン」の実生から選抜された、より豊産性の品種が「ハーベスト」である。果実は「ハス」に似ているが、「ハス」の二倍程度の収量が期待でき、耐寒性は「ハス」とほぼ同じ。開花型はAタイプ。

②ジェム――超多収品種、カリフォルニアで栽培

「ハーベスト」と同様に「グウェン」の実生から選抜された豊産性品種。果実は「ハス」に似ているが、「ハス」の二倍程度の収量が期待でき、耐寒性は「ハス」とほぼ同じ。開花型はAタイプ。

(6) 台木には耐寒性のメキシコ系品種を

台木に要求されることは、まず耐寒性、次いでアルカリ性、排水性が悪い、乾期に乾燥する、塩類濃度が高いといったどんな土壌条件下でも生育できる適応性、フィトフトラ菌によるアボカド根腐れ

病に抵抗性があることがあげられる（表3―3）。

まず、耐寒性ではメキシコ系にかなうものはない。しかし、メキシコ系は土壌乾燥や土壌の塩類集積にはもっとも弱いという欠点もある。

反対に西インド諸島系は寒さには弱いが耐塩性は強いという利点もある。本州や四国、九州での台木はメキシコ系、沖縄など亜熱帯地域では西インド諸島系の台木が適していると思われる。

メキシコ系のアボカドを手に入れるには、各地に点在している実生樹しかない。メキシコ系とグアテマラ系の交雑種である「ベーコン」「ズタノ」や「フェルテ」のタネを用いることもできる。この台木はフィトフトラ根腐れ病にも多少の抵抗性をもっている。

カリフォルニアでは台木試験をしてきた結果、現在ではメキシコ系の「デューク7」が多く使われている（125ページ）。「デューク7」のほかには「デューク6」と、その実生である「バーデューク」があり、「トパトパ」「トロキャニオン」「メキシコーラ」なども使われている。南アフリカでは「フェルテ」の実生である「メレンスキー1」、「デューク7」の実生である「メレンスキー2」

特性

フィトフトラ・シトリコータかいよう病耐性	耐塩性	耐干性
ー	強	弱
弱	弱	弱
弱	弱	弱
極弱	弱	弱
強	弱	弱
弱	弱	弱
ー	弱	弱
ー	弱	弱
ー	中	弱
ー	中	弱

表3−3　台木品種の

品　種	系　統	耐寒性	フィトフトラ根腐れ病耐性
ズタノ	メキシコ系×グアテマラ系	強	中
デューク6	メキシコ系	極強	強
デューク7	メキシコ系	極強	強
トパトパ	メキシコ系	極強	極弱
トロキャニオン	メキシコ系	極強	中
バーデューク	メキシコ系	極強	強
ベーコン	メキシコ系×グアテマラ系	強	中
メキシコーラ	メキシコ系	極強	弱
メレンスキー1	メキシコ系×グアテマラ系	強	中
メレンスキー2	メキシコ系	極強	強

（“the Avocado botany production and uses”，2002，CABI Publishing から作成）

が多く使われ、オーストラリアやニュージーランドでは耐塩性の高い「ズタノ」が多く用いられている。

「デューク7」が耐寒性・フィトフトラ根腐れ病の抵抗性台木としてよく使われるからといって、この実生苗をつくり台木としても、母親とまったく同じ抵抗性があるとは限らない。実生苗は花粉親がまちまちで形質が一定にならないためである。

母親の形質を受け継いだ台木をつくるには、クローン台木をつくる必要がある。カリフォルニアでは「黄化処理」（エチオレーション）と「二段接ぎ」（92ページ）を使って、クローン台木をつくっている。

第4章　苗木つくりから幼木期までの管理

1　苗木の準備

(1)　苗木は基本的に自分でつくる

近年、アボカドの苗木を購入したいという問い合わせが多くなったが、アボカドはマイナー作物であること、台木用種子の入手が困難であることなどから、苗木業者でもほとんど扱っておらず、苗木店ではほとんど入手困難である。そこで、基本的には自分で苗木をつくる必要がある。

苗木育成はそれほど困難ではない。そういえるのは筆者が何年もやってきたからかもしれないが、接ぎ木技術さえマスターすれば、なんということはないのである。
この項では、もっとも簡単な苗木育成法を紹介する。

(2) 実生樹を育てて台木とし、接ぎ木する

①タネの入手

まず、台木となる実生樹を育てる必要がある。ここで問題になるのが、タネをどこから入手するかだ。てっとりばやくスーパーに行き、アボカド果実を買ってきて、それをは種すればよいではないかと思われるかもしれないが、ちょっと待っていただきたい。スーパーで売っているのは耐寒性の弱い「ハス」であり、マイナス二℃以下になれば凍死してしまう。このような品種を台木に使うことはおすすめできない。

和歌山県や静岡県で栽培されている「ベーコン」「ズタノ」や「フェルテ」の果実を買って、そのタネを使うのが賢明だろう。

以下にあげる農家は宅配便を用いた果実の地方発送も行なっている。これらの農家から品種を指定して果実を購入し、手に入れることも可能である。ただし、数が限られているので、収穫期を迎える前（九月末）に手紙か電話であらかじめ連絡をして注文いただきたい。

橋爪道夫　〒六四九―〇一四二　和歌山県海南市下津町中三八五　TEL〇七三―四九二―一一六九

江川　守　〒六四三―〇〇二一　和歌山県有田郡有田川町下津野一八六　TEL〇七三七―五二―二五三五

大小田　勇　〒八九一―〇三一一　鹿児島県指宿市西方一七三〇グリーンウェーブ　TEL〇九九三―二七―一一八六

②は種適期は十〜十一月

◆種皮をはぎ、タネの頂点を少し削ると発芽率上昇

は種時には種皮をはぎとり、タネの頂部を五ミリ、底部を二ミリくらい切りとると、発芽が揃う（図4―1）。ただし、タネを切るときには胚に傷をつけないように注意し、とくに底部（幅の広いほう）は薄く切る。頂部と底部を切りとったタネは、日陰で傷口を乾燥させ、そのあとには種する。これは傷口からの腐敗を防止するためでもある。腐敗が問題となるばあいには、殺菌剤にタネを浸してからは種すればよいだろう。

図4―1　タネの頂部と底部をカット

◆電熱線とトンネルを利用

「ベーコン」などの果実は十月以後に収穫されるから、追熟させて果実は食用にまわし、取り出したタネは水でよく洗い、

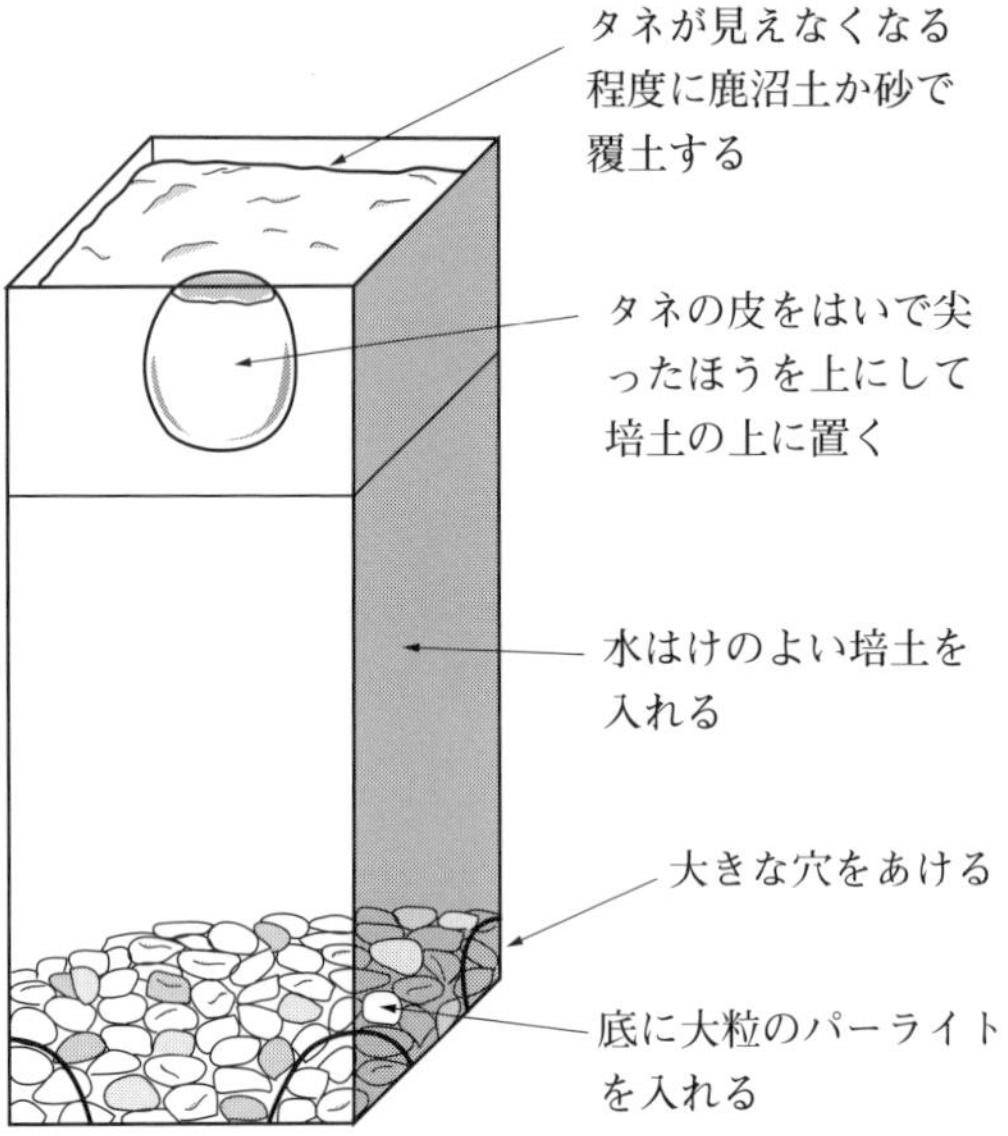
タネが見えなくなる
程度に鹿沼土か砂で
覆土する
タネの皮をはいで尖
ったほうを上にして
培土の上に置く
水はけのよい培土を
入れる
大きな穴をあける
底に大粒のパーライト
を入れる

図4―2　牛乳パックを利用したタネの植え方

ただちには種する。

　は種には一リットルの牛乳パックの底四隅に大きな穴をあけ、底部には大粒パーライトを少し入れ、その上に培土（山土二：パーライト一：バーク堆肥一）を入れ、タネを一個置いて、鹿沼土か砂でタネが見えなくなる程度に覆土する（図4―2）。は種した牛乳パックはコンテナに入れると持ち運びが簡単である。

　この時期は、冬に向かい寒くなるので電熱線を敷いてそのうえにコンテナを置き、ビニールトンネルで覆う。二五〜三〇℃で管理すると二週間ほどで発芽してくる。

　そのまま水やりを切らさないように、ビニールトンネルを締め切った状態で蒸し込み、発芽した芽がモヤシ状に勢いよく伸びるように育てる。株元がエンピツ大の太さになれば、接ぎ木の適期である。

③台木に栽培品種を接ぐ

◆接ぎ木は一〜二月、台木の緑化前に行なう

秋には種した台木は一〜二月には接ぎ木可能な大きさになるはずである。この時期には穂木も十分に充実しているので、よい穂木を採取してただちに接ぎ木する。

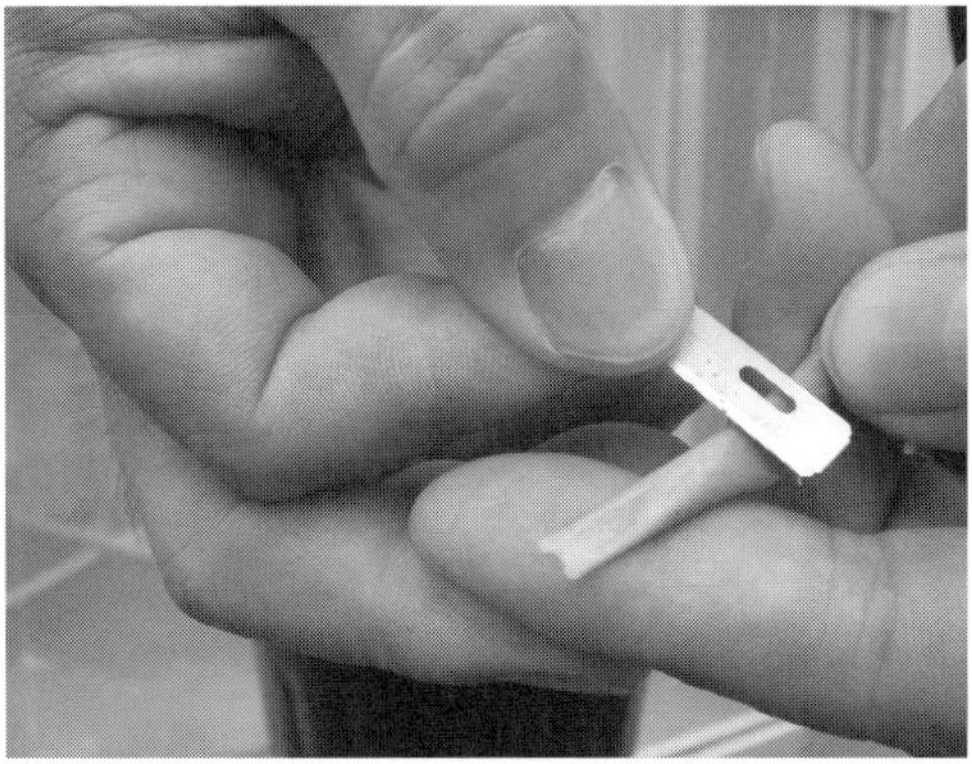

図4−3　穂木を削る

接ぎ木は割り接ぎが簡単でよい。まず穂木をとり、充実した二芽を残して上下を切って、その下の部分を二〜三センチの長さでくさび形に削る（図4—3）。これにはよく切れる接ぎ木ナイフを使うが、筆者は安全カミソリのほうが切れ味がよく削りやすいと思う。

穂木が削れたら、今度は台木を地上部一〇〜一五センチで切り（図4—4）、まん中をまっすぐ下方に安全カミソリで割る（図4—5）。切り込みの深さは穂の削った面の長さよりもやや長め（三〜四センチ）とする。この切り込みに、形成層が合わさるようにくさび形の穂木を挿入し、太い輪ゴムで結束する（図4—6、4—7）。台木がモヤシ状で軟らかいものだから、接ぎ木テープを用いるよりも、

図4―4　台木の切り返し

図4―5　台木のまん中をまっすぐ割る

伸縮性のある輪ゴムで結束するほうが簡単である。接ぎ木後はふたたびビニールトンネル内で蒸し込む。このときパラフィルムで穂木と結束部を覆う必要はない。しかし、トンネルから出して、大きなビニールハウス内に置くばあいは、乾燥防止にパラフィルムで覆ってやらねばならないし、日焼け防止の遮光が必要である（図4―8）。

◆花が咲く前の充実穂木を利用

アボカドの接ぎ木では、花芽と葉芽を見分け、充実した葉芽のついた穂木を採取できるようになれば一人前である。花芽は丸みを帯びており、葉芽は尖っている。また、枝の先端部は花芽がほとんどで、花芽の下方に葉芽がある。注意したいのは、ときおり葉芽が欠け落ちているものがあることで、葉芽の欠け落ちた部分を接ぎ木しても、芽は出てこない。

◆穂木の保存

穂は採取したらただちに接ぎ木（取り接ぎ）するのが望ましい。しかしすぐにできないばあいは、ポリ袋に密封して、冷蔵庫で一カ月間程度は保存できる。

露地の畑で接ぎ木するばあいには、接ぎ木適期が四月なので、三月

図4－6　穂木を挿し込む

図4－7　太い輪ゴムで結束する

図4－8　パラフィルムを巻く

トンネルから出して，大きなビニールハウス内で管理する場合，パラフィルムを巻いて乾燥を防ぐ

上旬に採取した穂木を貯蔵しておき、これを利用する。採取して葉を切り落とし、二〇〜二五センチに調整した穂木をポリ袋に入れ、袋内の空気を押し出すように袋の外側をひもなどでぐるぐる巻きにし、五〜七℃に調節した冷蔵庫で貯蔵する。

(3) 接ぎ木後の管理と苗木の養成

①接いで三カ月後にポットに鉢上げ

接ぎ木した苗木は、電熱線とトンネルで加温してやると一週間後には発芽してくる。二芽とも発芽してきたばあいは下位の芽を切り取り、上位の芽を伸ばしてやる。

発芽から二カ月ほどして発芽した新梢が硬化したら（葉が展葉して緑色が濃くなる）、大きな鉢へ鉢上げする（図4―9）。鉢上げに使う鉢は八〜一〇リットル容量の鉢でよいだろう。培土は種に使ったものと同じものにNPKをすべて含む緩効性固形肥料を少し混ぜてやる。混ぜられないばあいには、植えかえたあとに緩効性固形肥料または油カスなどをポットの表面にまいてやる。次の発芽が始まったら細い支柱を立て、新梢が上向きに伸びるよう誘引してやればよい。

②トンネル外に出して順化させる

鉢上げしたら、トンネル内にもどして根の活着を早める。活着すれば新梢が出てくるので、トンネルの裾を開閉して、外気に馴らしてゆく。外気に馴れたらトンネルから出して、ビニールハウス内で育て、遅霜の心配がなくなったら外に出して育てる（図4—10）。外に出すばあいは直射日光に急にあてると日焼けをおこすため、遮光ネットの下で育てる。

③購入苗の自家養成

日本にはアボカドの知識をもった苗木店はほとんどないといってよいだろう。台木は何という品種を使っているか、穂木の品種は何かと確認して購入する。

運よく苗を購入できたばあい、その苗が二年生以上のしっかりした苗ならば四～五月に畑に定植できるが、ひ弱で自信がないばあいには大きめの鉢に鉢増しして、もう一年太らせてやる。培土は種

図4—9　防根シートポットへ鉢上げした苗木

図4—10　接ぎ木苗を鉢上げしたのち露地に出す

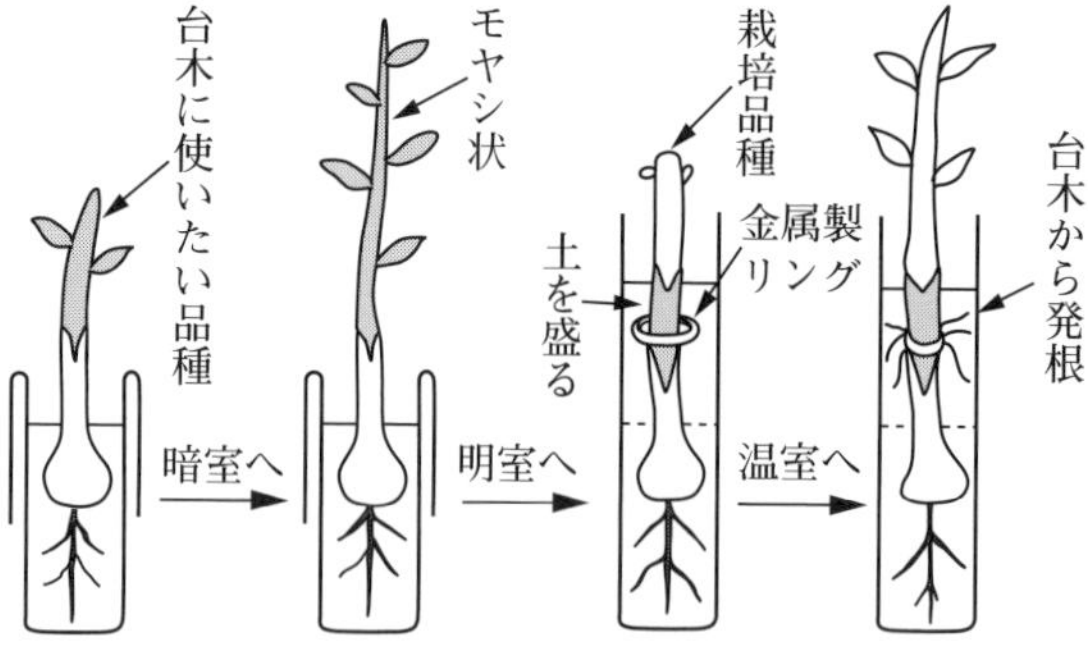

図4—11　二段接ぎによるクローン台木つくり

二段接ぎで母親と同じ形質の苗木をつくる

実生による台木が母親と同じ特性をもつとは限らない。なぜなら花粉親がまちまちで、形質が一定にならないためだ。カリフォルニアでは母親の形質を確実に受け継いだ苗木をつくるために「二段接ぎ」によるクローン台木をつくっている。

西インド諸島系の実生苗に台木として使いたい抵抗性をもつ品種（以下、抵抗性品種）の穂木を接ぎ木する。この接ぎ木苗を太陽光線の遮断されたビニールハウス内で育てて、葉緑素がないモヤシのような苗をつくる。ある程度生長したら明るいところへ移し、抵抗性品種の部分に金属製のリングをはめる。これにより処理したところから発根しやすくなる。リングした部分から一〇センチほど上に栽培品種を接ぎ木し（二回目の接ぎ木）、リングの五センチほど上まで土を盛る。抵抗性品種から発根してくると、最初の台木から発生した根は自然に枯れて、正真正銘の抵抗性台木苗ができあがる。

このプロセスには二倍の手間と時間がかかることから、苗木の値段が倍以上することはいうまでもない。

床と同じ（山土二：パーライト一：バーク堆肥一）でよく、施肥は緩効性固形肥料を鉢の上面にばらまく程度でよい。夏場は遮光ネットの下に置き、つねに土壌が適度な湿り気をもっているようにかん水し、より多くの葉をつけるように努める。秋からはビニールハウスの中に入れ、霜害から守ってやり、翌年の四月になったら畑に定植すればよい。

以下にアボカドの苗木を扱っている苗木業者を紹介する。

小坂調苗園　〒六四九―六一一二　和歌山県紀の川市桃山町調月八八八　TEL〇七三六―六六―一二三一

「ズタノ」「ベーコン」「フェルテ」の苗木を扱っている。なお、数に限りがあるので、手紙か電話であらかじめ確認したうえで、注文していただきたい。

2　園地づくり

(1)　好適園地五つの条件――中山間地の条件を生かす

アボカドの好適園地の条件とは以下のとおりである。

①南に面した緩傾斜地

②気流停滞がない（無霜地帯）

③強風が当たらない
④土壌が深く、水はけ・水もちがよい
⑤弱酸性（pH五・五）

しかしこれらの条件をすべて満たすような園地は、おそらく素晴らしいカンキツが栽培できるところで、アボカドを栽培するよりも、カンキツを栽培するほうが有利である。そのためかアボカド栽培が行なわれるのは、カンキツに不適で廃園にされるような場所が多い。

栽培条件は人為的にある程度は改善できるが、一番問題にしなければならないのは冬の最低気温である。樹は幼木期に防寒してやれば、気候に順化してきてある程度の寒さには耐えられるようになる。しかし、一〇年に一度くらいの大寒波が襲ってくる地方では樹が枯れて元も子もなくなってしまう。だから条件①と②はどうしても満たさねばならない条件である。

条件③は、防風林、条件④は、土壌への有機マルチやかん水設備の設置などでなんとかなる。

条件⑤は、石灰の投入によって調整する。アボカドの原産地の土壌はpH三・五～五・五の酸性土壌なのだが、日本の土壌はたいてい酸性土壌なため問題ないだろう。ただし、沖縄など一部の地域ではアルカリ土壌のため鉄や亜鉛などの微量要素の欠乏症が出るおそれがある。こういう地域ではアボカド栽培は避けたほうがよい。ちなみに世界的産地のカリフォルニアやフロリダはアルカリ土壌のため、毎年、微量要素の葉面散布を行なっている。

(2) こんなところは土壌改良を

①重粘土、転換畑などの排水不良地→高畦

平地での栽培や傾斜面だが水田だったところに植えるばあいには、床土をユンボで破壊し盛り土をして畦をつくる。排水の悪い土壌条件ではまず根腐れをおこし、すぐにフィトフトラ菌におかされて枯死してしまう。

②pHが若干高め→イオウ粉末で調整

土壌pHが高いアルカリ土壌のばあいはイオウ粉末を投入することで、多少は矯正できる。カリフォルニアではこの方法をとっている農場もあるが、日本では見たことがない。有機質を投入するだけでも土壌を酸性化するので、有機質の投入と微量要素の葉面散布のほうが現実的な技術かもしれない。

③砂礫土、軽しょう土壌→有機物施用で水もちと、地力充実を同時に

表土が浅く石ころが多いところでは、とにかく地力の向上に努める。有機質の投入や土壌マルチが効果的。また夏場のかん水ができるようにしておく。

筆者は、パイロット事業で表土が削り取られ、荒れた畑でアボカドを栽培したことがある。幼木期は施肥と溜めておいた雨水でのかん水でなんとかもちこたえることができたが、樹が生長した時点での夏の干ばつで枯らされてしまった。

海岸付近の砂が堆積している畑では、一見保水性が悪いようにみえるが、砂質土壌であるため根が地中深く伸び、意外と土壌乾燥による被害が少ない。また、海水温度は冬でも二〇℃以下にならないことから、海岸部では強い寒害にあうことがない。和歌山市と新宮市で何十年間もアボカドが生育して果実を生産しているところがあり、まさしくこのような場所なのだ。

④果樹園などの既耕地→前作の太根は取り除く

カンキツやそのほかの果樹を栽培していて、一部の園をアボカドに植えかえたいばあい、これらの樹の太根をユンボで掘り上げて焼却するか、園外へ出すことが理想的だ。生の太い根が土中に残るとモンパ病が発生する危険性が高いためである。

3　植付けの実際

(1)　遅霜の心配がなくなったころが適期

ポット育苗された接ぎ木苗の植付けは遅霜の危険性がなくなった四～五月に行なう。ただし沖縄など寒さの心配のないところでは、台風の心配がなくなり、涼しくなる十一月以後が植付けに適している。接ぎ木苗ではなく、台木用のタネを直接畑には種するばあいは、冬に収穫した果実からタネを取り出して冷蔵庫に保存しておき、四月には種すれば、地温が上昇してくる五～六月には発芽してくる。

(2) 開花型の異なる品種を混植

すでに述べたが、アボカドの花は雌雄異熟性で、開花型にはAとB二つのタイプがある。単一の開花型品種だけでも結実するが、異なる開花型の品種を混植することでより受粉の確率が高まり、収量も増える。だから、AとBの開花型の品種の混植をおすすめする。

(3) 植付け距離は二～五メートル

植付け距離は品種の生育特性により異なる。「フェルテ」のような開張性品種では五×五メートル、「ベーコン」のような直立性品種では三×三メートルで定植しておき、樹間が混みあってきたら間伐する。「グウェン」や「ジェム」など多収品種では二・二×二・五メートルで定植しておき、混みあってきたら間伐する（次ページ図4―12）。

(4) 植付けの手順

①八〇センチ四方の穴を掘り、元肥投入

初期生育を順調に行なわせ、樹の骨格をしっかり形成することが、結果期に達する期間を短くし、

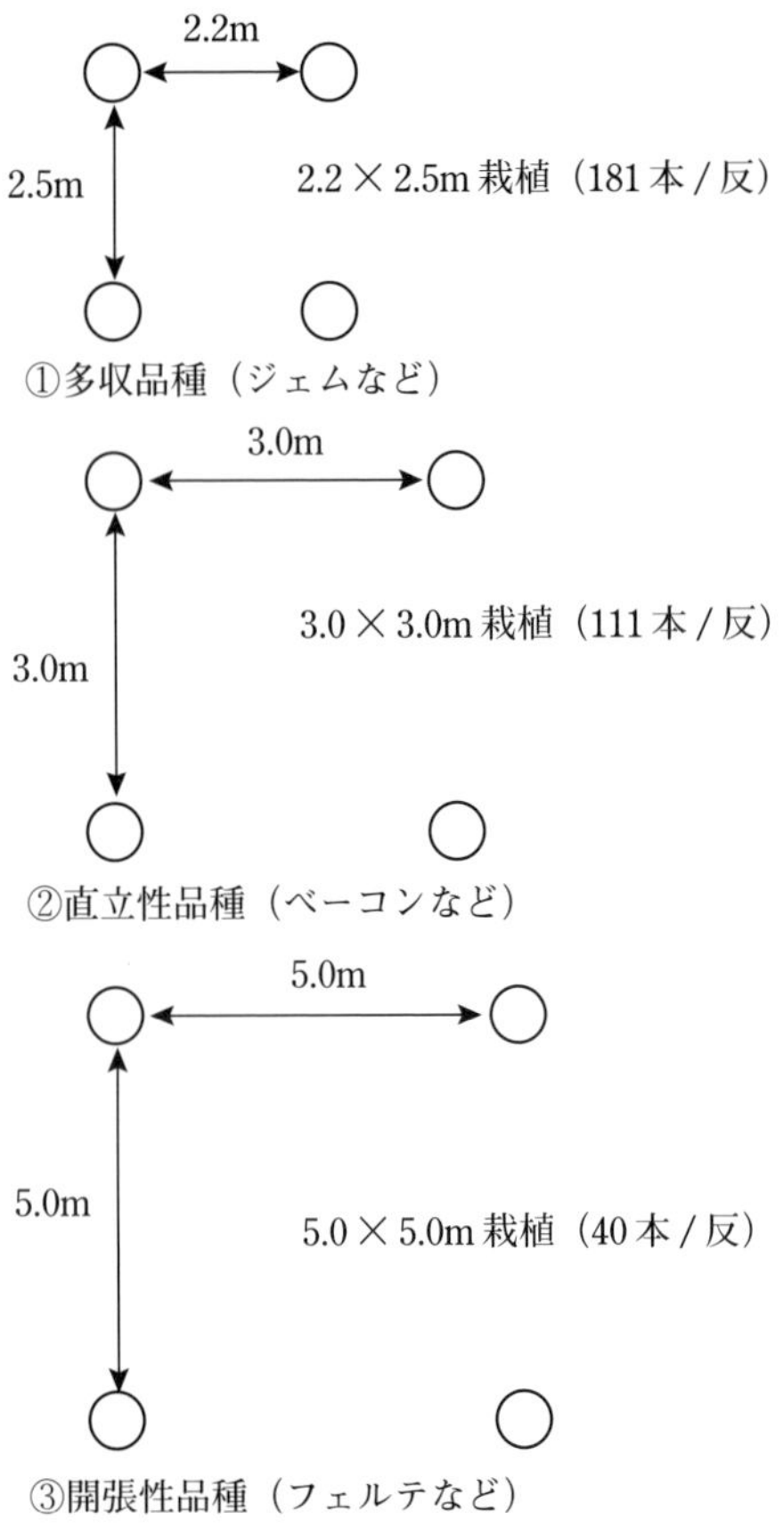

図4−12　アボカドの品種別栽植距離と反当たり栽植本数

果実収量を多くするために重要である。冬の暇な時期に植付け予定位置へできるだけ大きな植え穴（八〇センチ四方あるいはそれ以上）を掘り、そこに元肥としてバーク堆肥二〇キロ程度を入れ、苦土石灰五キロ程度、BMヨウリン三キロ程度を土壌とよく混ぜながら埋めもどす。微量要素の入った土壌改良材があれば、このときに一緒に投入しておくのがよいだろう。

②根を切らないように注意

アボカドは植え傷みがひどい樹種で移植は好まない。だから、苗木はポット栽培する（図4—13）。ただし長くポットに入れたまま育苗すると、ポットの底で根が丸く絡まってしまうため、育苗はできるだけ短期間（一年以内）で終了するのが望ましい。

③盛り土の上に植付け

まず、盛り土した定植予定地に、ポットの大きさ程度の植え穴を掘る。土壌は定植後もさらに沈下するから、苗木の根鉢の上面が地面から三〇センチ程度は高くなるように調整する。

次にポットの側面を軽く叩いて、根の部分を抜き出して植え穴に入れる。このときに根鉢が崩れて根を傷めることがないように注意する。最後に周囲の土壌を植え穴にもどして、株元から半径五〇センチ以上のマウンド状態になるようにしてやる

図4—13　プラスチックポットを利用した苗木（「ベーコン」）

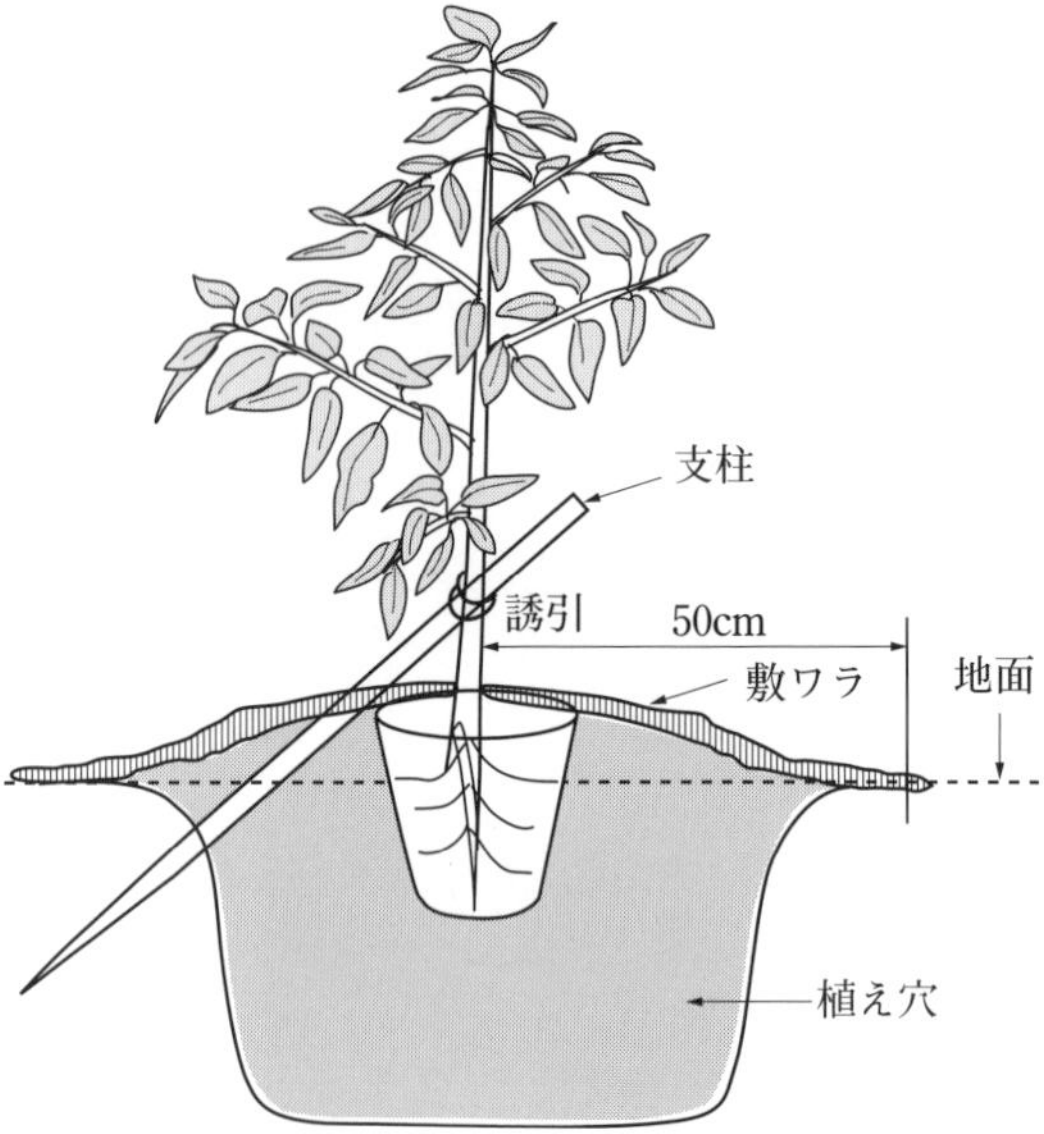

図4―14　植付けの仕方

（図4―14）。

④植付け後に支柱とかん水、敷ワラ

植付け後、ただちに株元に斜めに支柱を打ち込み、株元をこの支柱に誘引、固定する。アボカドは根が軟らかく切れやすいので、風で株元が揺すられると活着が悪くなり、衰弱してしまうことがある。とくに根が活着するまでの土壌乾燥は禁物だから、植付け時にタップリとかん水して根鉢と園地の土壌をよく馴染ませるようにする。

それから敷草でたっぷりとマルチングしてやることで、土壌の乾燥防止と強雨での土壌の流亡防止に役立つ。ただし敷草をしたからといって安心はできない。雨が少ないと敷草の下の土壌まで雨水がしみ込まないことがあるので、定植後は定期的なかん水をして細根の発生を促してやる。

4　植付けから初結実までの若木管理

(1)　定植三〜四年目までは樹づくり期間

①施肥はひかえめに少しずつ――多肥は避ける

早く樹を大きくしようと、化成肥料を株元にやりすぎるのは禁物である。アボカドの根は浅く、塩害に弱い。とくに耐寒性のメキシコ系台木は塩害に弱いので、化成肥料を一度に多用してはならない。保肥力の低い土壌ではこまめに回数を多く施肥することが望ましい。アボカドが必要とするチッソ量は、一年生樹で一〇アール当たり一キロ、六年生樹で二〇キロといわれている。

②霜に注意

植付けてから最初の冬を乗り越えられるかどうかが、樹を生育させる鍵である。アボカドは霜にあったり、雪が葉上に積もり一日中溶けないようなばあいには葉焼け症状をおこす（次ページ図４―15）。葉焼けをおこした葉は落葉してしまい、丸裸になった枝や幹がその次に襲ってくる寒波で大被害を受けることになる。アボカドの栽培適地は無霜地帯である。霜が降りるということは気流が停滞しているということだから、気流が停滞しないように防風林の裾枝を除去したり、雑草を刈ってやったりし

図4―15　降霜による被害

て、冷たい空気が斜面に沿って下方へ流れるような工夫も必要である。冷気が停滞するような谷底部では栽培してはならない。

③越冬時はコモがけで寒風対策

初年度と二年目の冬は、防寒資材で樹全体を被覆して寒波から守ってやる。三年目からは樹自身の力で越冬できるようになる。

防寒資材は、遅霜の心配がなくなったら早めにはずしてやらないと落葉を助長することになる。

(2)　樹形づくりも念頭に管理

①直立タイプと開張タイプ

アボカド品種には「ベーコン」や「ズタノ」のような直立タイプと「フェルテ」のような開張タイプ、その中間の球形タイプ（「ハス」）がある（詳しくは66～67ページ）。わが国では作業性だけではなく、台風の被害を考慮して、いかに低樹高整枝を行なうかが大切だ。

②作業性を考え、開張タイプに

「ベーコン」などの直立性品種を無整枝・放任栽培すると、数年後には六メートル以上の高さになり、とても地上から収穫できなくなる。

外国では地上から収穫できない高さになると、チェーンソウで接ぎ木部の少し上で切り倒す。これをカットバックといい、この切り株から発生した新梢は一年後からふたたび果実生産を開始する。また樹が高くなりすぎたら切り倒し、数年ごとにカットバックを繰り返す。

カットバックも技術の一つではあるが、こんなことをやっていては数年に一度は無収穫の年ができてしまうので、こまめに誘引して開張性に整枝することが大切である。

③樹形は摘心でつくる

「フェルテ」など開張性品種では放っておいても枝は横に伸び、枝の自重で下垂する。和歌山で何十年も生き続けている「フェルテ」の樹は、おもしろいことに主枝が一度地面につき、それからまた斜めに伸びている。たぶん強風により樹が傾いたときに主枝が地面についたのだと思われる。この主枝がつっかえ棒状態にあるため、それ以後の強風による樹の倒伏を防いでいる。

こういう状態を人為的にこしらえてやることが、アボカドの低樹高整枝のポイントである。「ベーコン」などの直立性品種では頂芽優勢性が強く、新梢は上へ上へと伸びようとする。新梢が伸び始めたときに先端を摘心してやると、側枝の生長が活発になり、樹冠は丸みを帯びてくる。この摘心をこまめに継続することで、直立性の品種でもある程度開張性に仕立てることができるのである。

④せん定は枯れ枝を除き、樹冠内部が混みあわないようにする

無せん定で栽培していると樹冠内部の枝が枯れてくる。枯れ枝が多くなると、果実の炭そ病が多くなる。枯れ枝が炭そ病菌の増殖源となっているのである。そこで枯れ枝は見つけしだい切り取るようにする。アボカドのせん定とはこの枯れ枝の整理としてぐらいである。

枯れ枝が発生するのは、樹冠内部の枝が混みあって太陽光線が入ってきていない証拠なので、枯れ枝があるようなら適当に枝の間引きせん定を行ない、樹冠内部に光線が当たるようにしてやる。ただしこのせん定を真冬に行なってはならない。寒波から樹を守るには枝葉は多いほどよく、せん定により樹冠内部に隙間を空けてしまっては、かえって寒害を助長しかねないためだ。せん定は寒波の心配がなくなってから行なうのがよい。ところが、地域によってはこの時期には花芽が生長してきており、強せん定すると花芽の減少とその後の結果率の減少につながりかねないので、せん定できないばあいもある。このばあいは開花が終わって夏芽が出てくる直前にせん定する。

(3) 初結実は四～五年目から

「ハス」やそのほかの新しい豊産性新品種では定植後二～三年で初結実するが、「ベーコン」や「フエルテ」では、結実し始めるのは四～五年目からである。早くから結実する温帯果樹と比較すると、

アボカドは樹ばかり大きくなっていっこうに結実しないので、しびれを切らして切り倒してしまう人が多い。

最近、スーパーで買ったアボカドのタネを庭にまいたら大きく生長したが、いっこうに結実しないので、どうしたらよいかという問い合わせを多くいただく。接ぎ木した苗ですら初結実までに数年を要する。タネから育てた樹（実生樹）のばあいは、結実するまでにもっと長期間を要するだろう。さらに、実生樹は親（花粉樹）の形質がわからないので、どのような果実がなるかわからない。

第5章 成木園の管理ポイント

1 年間の栽培管理

(1) 発芽、新梢伸長～結実まで

①花芽がほころぶ三月は遅霜に注意

枝の先端部の芽の中では、年末ころには花芽が分化し始めるが、冬は温度が低いので芽の中でゆっくり生長していく。花芽は丸みを帯びており、三月になって気温が上昇してくると、その芽がより大きく膨らんでくる。この時期に遅霜にあうと花芽が凍死してしまい、開花は望めないので注意しなけ

図5—1　霜害を受けた花
このようになると多収は望めない

ればならない。

②チッソ、リン酸の春肥で、花穂を充実、有葉花率を高める

三～四月にかけて気温の上昇とともに花芽が発芽して花房が生長する。この時期、葉の色が急に黄色くなっていくことがあるが、これは葉の養分が花房の生長のほうに使われるためと思われる。

この時期に養分を花房にうばわれ、全部の葉が落葉して花だらけの樹になってしまうようでは、多くの果実収穫は望めない。四月上旬には花肥のつもりで春肥を必ず施したい。春肥には複合化成肥料（一〇—一〇—一〇）を反当たり五〇キロほど施肥する。

③新梢伸長期の落葉量で樹勢診断

四月の落葉が多い樹は、九月に少し切り返しせん定をして秋芽を出させ、若い葉を確保する必要がある。日本の冬はアボカドにとって生存できるぎりぎりの寒さなので、どうしても冬に落葉することが多くなる。

北西の季節風がまともに当たる園地では、寒風により落葉して花芽や小枝が枯死して果実生産は望めないため、防風林が必要である。

④もっとも大事な開花期、ミツバチ放飼で着実な結実管理を

本州や四国、九州でのアボカドの開花期は五～六月にかけてで、沖縄ではそれより約二カ月早くなる。アボカドの品種は、開花パターンによりAとBのタイプがあり、AタイプとBタイプの混植が望ましいことはすでに述べた。アボカドは虫媒花だから、開花期に多数のハチやハナアブが訪れて花粉を媒介してくれることが重要である。雑木林が近くにあるばあいには、けっこう多くの昆虫が訪花するが、結実をより確実にするためにはミツバチの巣箱を園内に置いてやることが望ましい。

ミツバチ放飼で一石二鳥

ミツバチには西洋ミツバチと日本ミツバチがいる。西洋ミツバチは巣箱を専門業者からリースすることができ、入手しやすいのでおすすめである。筆者はミツバチの越冬場所として養蜂業者にアボカド園を提供することで、西洋ミツバチの巣箱をたくさん置いてもらった経験がある。

また、日本ミツバチも初夏の巣別れの時期に捕まえて、自分で飼うのもおすすめである。受粉促進だけでなくハチミツの取得もでき、一石二鳥である。

アボカドの受粉にはミツバチだけでなくマルハナバチも有効である。

⑤炭そ病対策

開花は約一カ月間続く。このあいだに受精しなかった花がどんどん落下していき、樹冠下には落下した花がクリーム色のじゅうたんのように敷きつめられる。開花終了期には受精してアズキ大に膨らんだ実もたくさん見られる。この時期から果実肥大が急速に進むと同時に、生理落果が始まる。

この幼果期に炭そ病菌が果皮の下に入り、秋雨が降るようになると、果皮に黒い斑点が現われ、それが大きくなって果実を腐敗させる。六月の梅雨期に炭そ病の防除をしておくと、秋の果実被害が随分抑えられる。

⑥翌年の花を多くするため十月に秋肥

たくさんの花を開花させて結実させるには、十月の秋肥を効かせて樹体内に養分を蓄積しておく必要がある。秋肥には複合化成肥料（一〇―一〇―一〇）を反当たり五〇キロほど施肥する。樹体内によりたくさんの養分を蓄えておくことは、花芽の分化だけでなく冬の耐寒性も増す。

(2)　果実肥大期

①幼果が膨らみだしたら、実肥で養分供給

六～七月は果実の急激な肥大期であると同時に、枝の先端から出た新梢の伸長期でもあり、果実と新梢のあいだで養水分の競合がおこる。落葉した分の葉を取りもどすためには新梢が伸びて展葉してもらわねばならない。しかし、新梢伸長があまりにも強すぎると果実の生理落果を助長する。

そこで、新梢を早めに摘心処理したり、液肥の葉面散布をしたりして新葉の成熟を促進することで、生理落果を少なくすることができる。六～七月にかけての頻繁な液肥の葉面散布は、生理落果防止に効果的である。

ちなみにオーストラリアや南アフリカでは、新梢の生長を抑制する植物生長調節剤を開花始めに散布して収量を高めている。植物生長調節剤は日本では使用登録がなされていないため、新梢を早めに摘心するか、液肥の葉面散布などで代替するしかない。

②かん水で乾燥による落果を防ぐ

七月中旬に梅雨が明けると、お盆過ぎまでは高温乾燥期となる。アボカドは根が浅く、多量の水を要求するので、高温乾燥には非常に弱い。この時期に乾燥ストレスを受けると卵大の果実が落下することもあり、樹が萎れてしまうと回復させるのは困難である。夏に乾燥ストレスを受けて、冬に低温障害とダブルパンチをくらうと、樹は衰弱する一方となる。いくら放任栽培が可能といっても、高温乾燥期にはかん水していただきたい。

また、土壌から蒸発する水分を抑えるために、有機マルチを活用したい。夏に降雨のないカリフォルニアでは一本のアボカドが一日に必要なかん水量を一年生で六リットル、二年生で一一リットル、三年生で四〇リットル、四年生で一〇〇リットルとしているそうだ。

③摘果は不要、一にも二にも落果防止

本州や四国、九州で栽培したばあいは摘果するほど結実しないため、摘果の必要はない。それよりも前述したとおり生理落果しやすいので、落果防止に努める。新梢は早めに摘心し、液肥の葉面散布をして、土壌を乾燥させないようかん水する。

石垣島のような開花期から果実肥大期が比較的温暖な地域では、一つの花房にたくさんの果実が着果することがあるため、こういうばあいは一花房一果に摘果してやると、果実肥大が促進される。

④強風対策も忘れない

アボカドは強風などの力が加わることで枝が折れやすい（図5―2）。また、根が浅いので強風で簡単に倒伏する。倒伏を予防するには、とにかく新梢の摘心と主枝の誘引により低樹高整枝を心がけ、防風林をうまく利用することだ。ただし防風林との養水分の競合でアボカドが負けてしまわないよう、防風林との境目には深い溝を掘っておいたほうがよい。間違っても根が横に長く伸びてくるスギやヒノキを防風林に使用してはならない。

図5―2　台風によって折損した樹

もしも台風で倒伏したら、枝をカットバックして、萎れを防ぐ。切り口には癒合剤を塗り、直射日光のあたる幹や枝面に日焼け防止の水性の白色ペンキを塗る。できれば寒冷紗などで遮光してやるのが望ましい。すると、幹部から新梢が発生するから、この新梢を利用して新しい主枝を形成させる。一度倒れた樹がこうして回復したばあい、二度とは倒れなくなる。

⑤樹を見ながら成熟期にも若干追肥

十月の地温が高いうちに秋肥を施用（110ページ）して、樹体内の貯蔵養分を高める。この時期に樹体内に栄養分を蓄えておくことで、冬の寒害にも強く、花芽も多くすることができる。

(3)　収穫期

①十一月、肥大が停止したら収穫、年内に取り終える

「ベーコン」では十月から、「フェルテ」では十一月か

防風林のつくり方

防風林にはイヌマキやモチノキなどが使われる。これらは初期の生育が緩慢だが、ある程度大きくなると生長速度が速くなる。

防風林は作物を定植する前から準備しておくものだが、なかなかそうはいかないのが現実である。そこで、とりあえず自然に生えている雑木林を有効に防風林帯として利用することである。ただし、雑木林は通常横根を発達させて畑の肥料を吸い取るため、畑と防風林帯の境には深い溝を掘っておく必要がある。

台風の多い沖縄地方では一列の防風林では強風を防ぎ切れないので、二列以上のいわゆる防風林帯を形成しなければならない。防風林帯にはイヌマキやフクギがよい。

ら収穫期に入る。十、十一月は油分が急速に増える時期である。果実は樹上にあるかぎり肥大を続け、果実中の油分も増加するので、樹上におき続けるほどうまくて大きい果実になる。しかし、寒波による凍害の危険性が高まる年明けまでには収穫を終えることが望ましい。

また果実が老化してくると果皮に炭そ病が現われたり、果頂部が裂果したりしやすくなる。とくに「ベーコン」では果頂部の裂果が多くみられるため、秋雨前線の停滞で雨が多い年には早めに収穫することが重要である。「ハス」や「フェルテ」では無霜地帯での樹上越冬が可能だが、冬にヒヨドリやネズミにより果実がかじられることもある。

台風の襲来により落果する沖縄では、九月までには収穫しなければならないばあいもある。

②収穫時期の見きわめ方

◆開花後日数または種皮の色で判断

もっとも古くから使われてきた目安として、開花後の日数がある。しかし、アボカドの開花期間は約一カ月間と長く、樹上には三〇日間の生育期間の差のある果実がなっている。そう簡単に何日後の果実と断定することはできない。

そこで、試しに果実を収穫して、種皮の色を調べる。収穫直後の種皮色は未熟果実ではクリーム色をしているが、油分が増加して成熟期が近づくにつれ薄茶色になり、さらに熟期が進むと焦茶色になる。種皮が茶色になったら、その樹の果実はぼつぼつ収穫を始めてもよいという目安になる。

◆油分測定で成熟度をみる

正確な収穫の目安は、やはり果肉中の油分含量を測定することで得られる。品種により可食期の最低油分は多少異なるが、おおむね生果肉中に八％以上の油分が含まれれば食べられる。沖縄などで栽培可能な西インド諸島系の品種では油分が五％程度でも十分おいしく感じることもある。

◆乾物率から油分を推定し、成熟度をみる

油分の測定には、設備が必要で面倒くさいことから簡便な方法が考案された。それは果肉の乾物率から油分を推定し、収穫適期を知る方法である。以下のように行なう。

①果実を縦に割りタネと種皮を取り除く（割り方は155ページ図7―1参照）。

②①で半分になった果実をさらに縦方向へ切って、八等分に分割する。

③そのうちの対角上の切片をペアーにして用いる。

まず、この二つの切片の果皮をはぎ取り、果肉をフードプロセッサーにかけ、三ミリ以下の大きさに刻む。

④はかりにペトリ皿を載せ、風袋重を測定する。

⑤刻んだ果肉から五～六グラムを取り出して④のペトリ皿に載せ、正確な生果肉重を測定する。

⑥容器ごと一〇〇〇Wの電子レンジで水分を飛ばし、重量が一定になるまで乾燥させる。乾燥させるのに五〇％の出力で四〇分を要する。果肉が黒くならないように出力を調整しながら行なう。

図5―3　収穫用ハサミ

⑦電子レンジから取り出して乾燥果肉の入った容器ごと重量を測定し、容器の風袋重を差し引いた値を乾燥果肉重とし、これを生果肉重量で割って乾物率を計算する。

⑧園地の平均値を求めるには一〇個の果実を用いて行なう。

電子レンジでレンジアップして果肉の乾物率を求める方法はそれほど難しくない。乾物率がおおむね二一％以上になれば油分は八％以上あると推定できる。

③収穫時に果皮を極力傷つけない

「ハス」などは果皮が厚くかなりの打撲にも耐えられるが、「ベーコン」や「フェルテ」は果皮が薄くて耐えられない。落葉果樹にくらべればはるかに頑丈だが、収穫時には決して果実を叩き落としたりしてはならない。

果実の収穫は長い柄の先に袋がついた収穫用ハサミ（図5―3）で行なう。このハサミはぶら下がった果実が柄の先の袋の中に入ったら、果梗部をハサミで挟み、ヒモを引っ張ればハサミが果梗を切り果実が袋の中に落果する仕組みになっている。

④貯蔵温度と期間

アボカドは樹上で貯蔵するのが最適だが、冬に寒波にあう前に収穫しなければならないばあいや、沖縄などのように台風で全滅する前に収穫しなければならないばあいがある。収穫した果実は低温貯蔵しておき、その後室温にもどして追熟させて出荷する。

貯蔵期間中だけでなく、輸送期間中も低温におくほうが果実の傷みは少なくなるし、店持ちをよくすることはいうまでもない。ただし低温におくと低温障害が発生し、果実が追熟しなくなったり、均一に軟化しなくなったり、果肉や維管束が黒く変色したりすることがある（図5―4）。そこで、低温障害を受けない貯蔵最低温度を知ることが重要である（次ページ図5―5）。

熱帯地域の栽培に適した西インド諸島系の品種の貯蔵温度は一三℃、メキシコ系やグアテマラ系品種の貯蔵は四・五℃が貯蔵最低温度で、この温度より低くならない

図5―4　果実の低温障害（「ベーコン」）

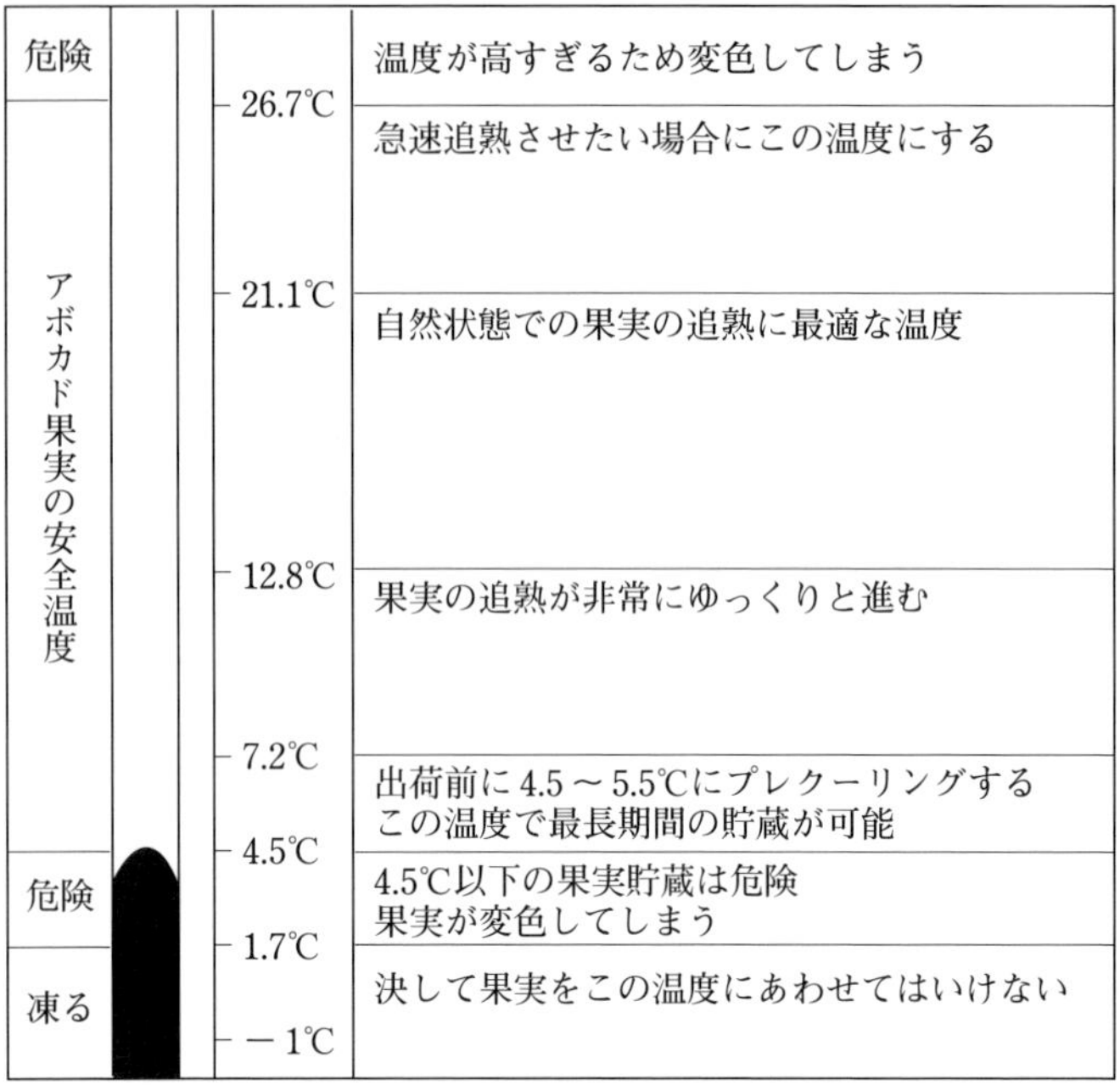
危険
アボカド果実の安全温度
危険
凍る
26.7℃
21.1℃
12.8℃
7.2℃
4.5℃
1.7℃
－1℃
温度が高すぎるため変色してしまう
急速追熟させたい場合にこの温度にする
自然状態での果実の追熟に最適な温度
果実の追熟が非常にゆっくりと進む
出荷前に4.5～5.5℃にプレクーリングする
この温度で最長期間の貯蔵が可能
4.5℃以下の果実貯蔵は危険
果実が変色してしまう
決して果実をこの温度にあわせてはいけない

図5―5　貯蔵時の適正な温度

ことが重要である。貯蔵最低温度を守れば、メキシコ系とグアテマラ系で四～五週間、西インド諸島系で一～二週間くらいは貯蔵できる。

同じ品種であっても、夏の高温時に収穫した果実は、冬の低温時に収穫したよりも高い温度で貯蔵しないと、貯蔵中に低温障害を受けやすくなるので注意する。

⑤追熟のさせ方

◆加温での追熟

アボカド果実は樹上にあるかぎり軟化せず、収穫されてから追熟して軟化する。同一樹から収穫した果実でも軟化するのに数日ですむものから二〇日以上かかるものまであるが、これは収穫時の果実の熟度による。より成熟している果実は収穫後に短期間で軟化するのである。

アボカドの追熟温度は二〇℃前後がよいといわれている。果実の腐敗、維管束の変色、不均一な軟化などの障害の発生は、三〇℃で追熟させたばあいにもっとも多く、一五℃でもっとも少なかったと報告されている。

「ハス」では一七℃と二四℃で追熟させたばあい、一七℃では果皮が完全に黒くならないまま軟化してしまうが、二四℃では果皮が黒くなり正常に軟化する。小売店では「ハス」は軟化すると果皮が黒くなると信じられていることから、緑色が残った状態で軟化した果実は未熟果実だと誤解を招くことにもなりかねない。

◆短時間でできるエチレンでの追熟

アボカドの軟化にはエチレンが深く関わっている。エチレンガスが存在すると、果実の呼吸量が急速に高まる。この呼吸量の急激な高まりをクライマクテリッククライズと呼び、これによって果実中の酵素活性が高まって果実が軟化する。

そこで、貯蔵していたアボカドを一斉に軟化させたいばあいには、エチレンを活用する。二〇～二二℃で一〇〇ppmのエチレン濃度にして二四時間（長くても四八時間以内）おいて、その後はエチレンを含まない同温度の貯蔵庫におけば、四～六日で一斉に軟化する。

エチレンに長時間あてていると、果肉が軟化したときに異臭を放つようになることがあるので注意する。

◆長期貯蔵時にはエチレン発生に注意

追熟を素早く一斉に行なうためにはエチレンを活用すると書いたが、反対に長期貯蔵するときにはエチレンが存在しないよう注意しなければならない。

「フェルテ」は一〇〜一四℃の低温で貯蔵していれば二〜三週間で軟化するが、同じ温度でも空気中に〇・〇一ppm濃度のエチレンが存在すると、呼吸量が増加して一週間程度で軟化してしまう。また、七℃で二%酸素濃度、四%二酸化炭素濃度で行なうコントロールド・アトモスフェアー（CA）貯蔵中の「ハス」では一〇週間の貯蔵が可能である。しかし、空気中に一・〇ppm濃度のエチレンが存在するだけで、九週間後には果皮が変色したことから、低温貯蔵中にエチレンが加わると果皮が変色することが知られている。

このようなことを防ぐためにも、貯蔵中は換気を行ない貯蔵庫内のエチレン濃度を極力下げなければならない。また、傷ついた果実はエチレンを発生させるため、このような果実と一緒に貯蔵することもよくない。

(4) 大事な収穫後管理

①成熟と同時に花芽分化が始まる

果実が収穫されるころには、枝の先端部の芽の内部では翌年の花芽の分化が始まっている。この時期、花芽の増加や樹の貯蔵養分を高めて耐寒性を増すために施肥したいところだが、地温も低下していて、根からの養分吸収が困難なため、液肥の葉面散布を行なう。

葉面散布には市販の葉面散布用液肥を用いる。チッソとリン酸主体の液肥を購入し、用法にしたがい、水で希釈して噴霧器で葉からしたたり落ちる程度に散布する。一度に与えられる肥料の量が少ないので、一〇日間隔で数回散布すると、より多くの肥料分を樹に吸収させることができる。

アルカリ土壌での栽培では微量要素欠乏になりやすいため、鉄や亜鉛などの微量要素が含まれている液肥を散布することが望ましい。次ページ表５―１はアボカドにおこる要素欠乏とその症状の見分け方である。

なお、樹体内のチッソ分を高めることで耐寒性が増したという報告があることから、尿素などを水に溶かして葉面散布することが樹勢回復と耐寒性向上に効果的である。

②強せん定はしない

落葉果樹やカンキツでは冬にせん定を行なうが、低温に苦しみながらも耐えているアボカドを、この時期にせん定して裸にすることは危険行為である。せん定は枯れ枝の除去程度にしておく。それよりも、北西の寒風を防ぐための防風ネットの設置、冷気が停滞しないように防風林の株元の枝の除去や、雑草の除去に努める。

放射冷却による霜害が予想されるばあいには、たき火などをして少しでも園内に熱を供給することを考える。ただし、近年では古タイヤを燃やすなどの環境汚染行為は厳しく取り締まられているので注意していただきたい。

け方

落葉	枝の症状	果実の症状
あり	短い節間＋枯れ戻り	
	枯れ戻り	薄緑色の果皮
あり	枯れ戻り	薄緑色の果皮
あり	短い節間と萎縮	丸い果実
あり	横方向への生長，枯れ戻り，節間の肥大	凸凹の果面と傷をともなうくびれ
あり	枯れ戻り	
	枝が細く，枯れ戻り	
	枯れ戻り	

③有機物マルチで土つくり

冬は土つくりにもっとも適した季節。放任栽培できるアボカドにそこまで手をかける必要はないのかもしれないが、表土に有機物をより多く敷きつめてやることが長い目でみて効果的である。

より甘い果実を得るために水ストレスを与えて栽培するミカンなどと異なり、アボカドではつねに樹が健

表5―1　アボカドの要素欠乏症状の見分

葉齢	欠乏要素	葉　色	大きさと枯れ込み
全葉齢	N（チッソ）	薄緑色	小さい
	Cu（銅）	濃緑色	枯れ込み
幼葉齢	Fe（鉄）	葉脈間の黄色白色化	葉先と葉縁に枯れ込み
	Zn（亜鉛）	葉脈間の枯れ込み	葉が小さく葉縁に枯れ込み
	B（ホウ素）	薄緑から黄色	葉が小さく，小さい穴があき，穴の周りが薄緑から黄色
古葉齢	P（リン）	茶色を帯びた緑色	小さく丸い
	K（カリ）	葉脈間の黄化と茶色を帯びた赤い斑点	小さく，幅が狭い
	Ca（カルシウム）		水分ストレス症状
	Mg（マグネシウム）	葉脈間の黄化	

注）CABI Publishing 2002 年から筆者作成

康な状態を保ってやる。アボカドの原産地では落ち葉が堆積して土を肥やし、その土から養水分を吸収しながらアボカドは生育している。このような状況を再現してやることが、アボカドを健康に栽培する基本となる。

2　おもな病気と害虫

(1)　最大の病害は根腐れ病

①衰弱症とも呼ばれ、収穫期に樹が突然枯れる

晩秋、もうすぐ収穫という時期になって樹が急に萎れてきて、そのまま衰弱してしまうことがよくみられる。この症状は世界的な広がりをもつ病害であり、一般的に衰弱症と呼ばれている（図5―6）。こういう樹はその夏の高温乾燥期にはすでに葉が小さくなり、果実肥大も悪くなっており、衰弱が始まっている徴候がみられる。

②原因はフィトフトラ根腐れ病菌

こういった衰弱症が現われる原因は、たいていフィトフトラ根腐れ病が原因だと思ってもらってよいだろう。この病気はフィトフトラ根腐れ病菌（*Phytophthola cinnamomi*）というカビが原因で、アボカドの細根に寄生して根を枯らし、樹を衰弱死させる。

多少の病原菌が土壌中にあっても、樹が健康であればそれなりに抵抗して生きていけるが、土壌乾燥、寒害や塩害、着果過多によるストレスを受けたり、台風の強風により細根が傷ついたり切れたり

して樹勢が弱まると、一気にこの病原菌が増殖して樹に感染する。

フィトフトラ根腐れ病はアボカド根腐れ病とも言われているほどアボカドにとって重大な病害なのである。

図5－6　成木の衰弱症

③おもな予防策

◆メキシコ系品種の強勢台木を用いる

対策の一つとして、フィトフトラ根腐れ病に抵抗性のある台木を使う。メキシコ系の「デューク７」が台木としてもっとも多く使われている。

この抵抗性台木を使うことで、完全ではないが根腐れが抑えられ、樹の生長が促進されて果実収量も高くなる。過去数十年間カリフォルニアではさまざまな台木試験が行なわれたが、その結果「デューク７」が台木としてもっとも優れていることが判明し、現在ではもっとも多く使われている。

日本ではこの台木品種のタネを生産していないので、購入するばあいはカリフォルニアの苗木業者から購入する以外にない。日本で入手できるメキシコ系品種のタネは、和歌山県や鹿児島県などに残っているメキシコ系実生樹で結実している果実のタネを利用する以外にない。果実が販売されていて、台木として使える耐寒性のある品種としては「ベーコン」「ズタノ」「フェルテ」がある。ただし、これらの品種はフィトフトラ根腐れ病に対する耐病性がない。

カリフォルニアなどでは「デューク7」のクローン台木を使った苗木が使われているが、この苗木はふつうの苗木よりも割高である。しかし「デューク7」のタネをまいて生えてきた実生樹は母親とは異なる形質を有しているため、抵抗性が下がっている可能性が高い。母親と同じ形質の台木を得るためには、クローニングしてできた台木を用いるしかない。そのクローニングに手間暇がかかる分、割高になるのである。

◆肥培管理を適切に行なう

根の健康に影響のあるリン酸、カルシウム、ホウ素のバランスをつねに最適な状態に保つ施肥と土壌への有機物資材の投入を行なう。

フィトフトラ根腐れ病菌はほかの土壌微生物にくらべて繁殖力が弱いために、有機物を多く施用して土壌微生物を多くしてやることで、この病原菌の増殖が抑えられる。

アボカドの原産地である熱帯雨林では多くの落ち葉が堆積して、その下では多くの微生物が生存しているため、この状況を再現してやるのが一番よいのである。

◆かん水を適切に行なう

夏の高温乾燥期のかん水には、二つのはたらきがある。一つは細根を枯らさないようにすること。もう一つは、土壌中の養分が土壌中や樹体内へ移動しやすいようにすることである。

根の発育に必要なリン酸やホウ素を施肥してやることも重要だが、これらは移動しにくいものだから、土壌中で根が吸収しやすくするため、あるいは樹体内で移動しやすくするためにかん水が重要になる。

◆防風対策を行なう

強風で根が切断されると、その傷口から感染したり、水分供給が減少することで樹勢が弱まり、感染することがある。強風を受けない園地を選び植付けることと、防風林をつくり強風から守ってやることで、このような感染の可能性を予防する（防風林のつくり方は113ページ参照）。

④登録のある薬剤がない

薬剤による防除ではホスホン酸塩を含む薬剤の土壌処理、幹へのかん注処理が効果的だが、今のところこのような薬剤でアボカドに登録のあるものはない。軽症のばあいには感染樹の幹へリン酸塩をかん注することで症状が改善するばあいがあるが、これも農薬登録がない。フィトフトラ根腐れ病はアメリカなど海外ではこのような薬剤によって効果的に防除されているのだが、日本では予防対策をしっかり行なうしかない。

(2) そのほかの病気

①モンパ病

フィトフトラ根腐れ病のように根を枯らす病気にモンパ病（*Rosellinia* sp.）がある。モンパ病は糸状菌で、カンキツ、ナシ、ブドウ、ウメ、キウイフルーツ、ビワなどの果樹やクワ、そして各種の材木に感染する怖い病気である。山林の腐植層などに生息している病原菌や、発病樹を抜根したときに地中に残った菌が伝染源となる。土中に生の粗大有機物や樹木を埋めたときに多発する。pH五〜六で土壌水分の多いところで発生しやすく、樹勢が弱った樹に発生するので、樹勢を低下させないことが重要である。発病したら早く抜根して焼却処分する。登録農薬はない。

②ならたけ病

ならたけ病（*Armillaria mellea*）もフィトフトラ根腐れ病やモンパ病同様、根を枯らす病気である。ならたけ病は糸状菌で、多数の果樹、クワ、チャ、サクラ類、ナラ類など多くの林木に寄生する。地際部や根に侵入し、木質部と表皮の間に白色菌糸層を形成する。老木や切り株の腐朽しかけた根で繁殖する。このような老木や切り株は早めに抜きとり焼却処分する。これも登録農薬はない。

③炭そ病

果実には炭そ病（*Gloeosporium* sp.）が発生する（図5—7）。果実への炭そ病の感染は幼果期に限られるため、開花が終わったころに殺菌剤で防除してやることが有効だが、アボカドで登録のある農薬はない。

この病害は、樹冠が混みあって日陰部に枯れ枝が多くなると、この枯れ枝部で病原菌が増えて果実へ感染する。そこで、枯れ枝を徹底的に除去することで発生を予防するしかない。

(3) 害虫はカメムシ類に注意

もっともやっかいな害虫はカメムシ類である。幼果期にチャバネアオカメムシ、クサギカメムシなどの加害がみられる。数年に一度大発生し、その年には果実が全滅させられることもある。

幼果実はカメムシに吸われるとタネが死んで落果してしまう。タネまで被害が及ばなかったとしても、吸われた部分の果皮が陥没し、その下の果肉には砂のような硬い部分が残る。そうすると、果実を食べるときにこの硬い部分が邪魔になり、とても商品にはならない（次ページ図5—8）。

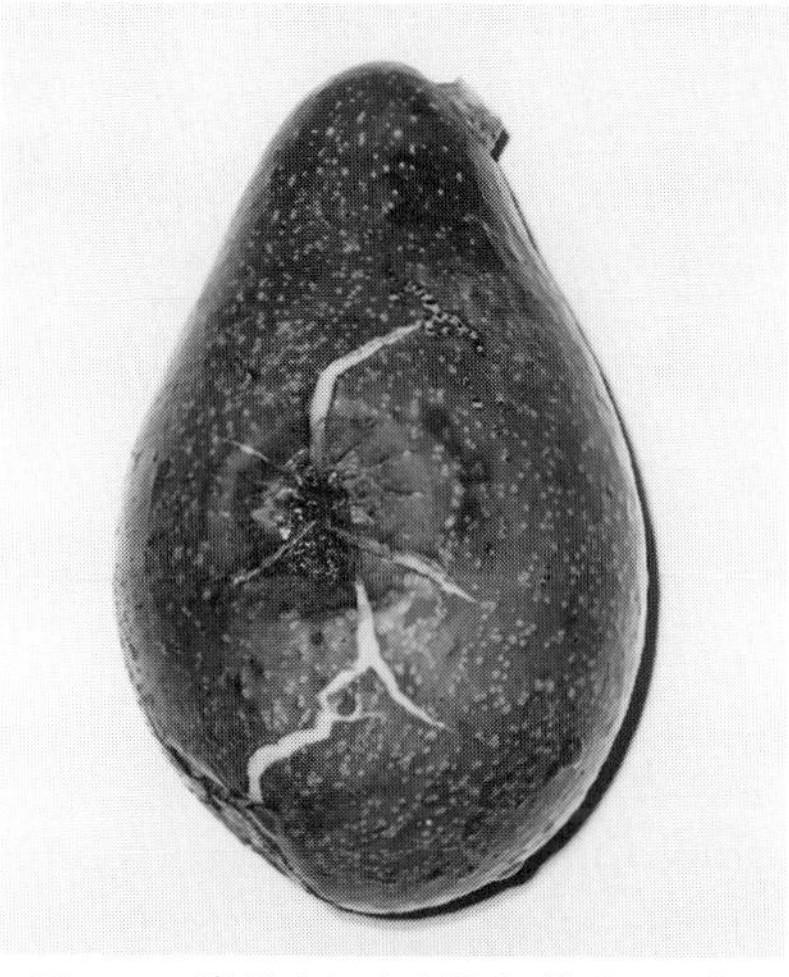

図5—7　炭そ病による被害（「ズタノ」）

カメムシは一匹が来て加害すると、フェロモンを出して仲間を呼び寄せ、被害が大きくなるので、

図5—8　カメムシによる被害

七月には園内でのカメムシの発生に注意し、早めに対処することが重要である。しかし、これにも登録農薬はない。

アボカドにはハマキムシも発生するが、樹勢が強いアボカドではさほど問題にはならず、防除する必要もないだろう。

(4)　無農薬でつくれる

「無農薬でつくれる果樹なんて……」と思われるかもしれないが、実際にカリフォルニアなどではよほどのことがないかぎり無農薬栽培である。日本でもカメムシ類が大発生したときには防除しないとせっかくの果実が全滅してしまうが、樹が枯らされてしまうということはないし、カメムシ類が発生しなければ農薬を使わずにすむ。だからアボカドは無農薬で栽培できるといっても嘘ではないだろう。

3　間伐と品種更新、樹形改造

(1)　枝が交差してきたら間伐

①間引きせん定で無効空間を減らす

アボカドは枝の先端部に着花するので、樹冠が混みあってくると樹冠下部に日があたらなくなり、こういう枝は枯れ上がる。その結果、樹冠上部だけに枝葉が残り、下部は枯れ上がって無効空間ばかりになってしまう。日頃から枝の間引きなどを行ない、この無効空間を極力少なくする努力をすることが重要である。

何も難しいことではない、枝の間引きをすればよいだけで、ノコギリ一つあればできることである。主幹上では五〇〜一〇〇センチの間隔で三本の主枝を選んで残し、この主枝をできるだけ横方向に伸ばすようにする。主枝上にも一〇〇センチ間隔で側枝を配置する。このばあい、側枝から出た多数の枝が、別の側枝から出た枝と接触しないように隙間を空けるようにする。枝を間引く際にはノコギリを用い、枝の付け根のぎりぎりのところで切り取る。切り口には癒合剤を塗る。

なお、枝の間引きは開花終了後に行なう。秋や冬に切り込むと寒害を助長することになる。

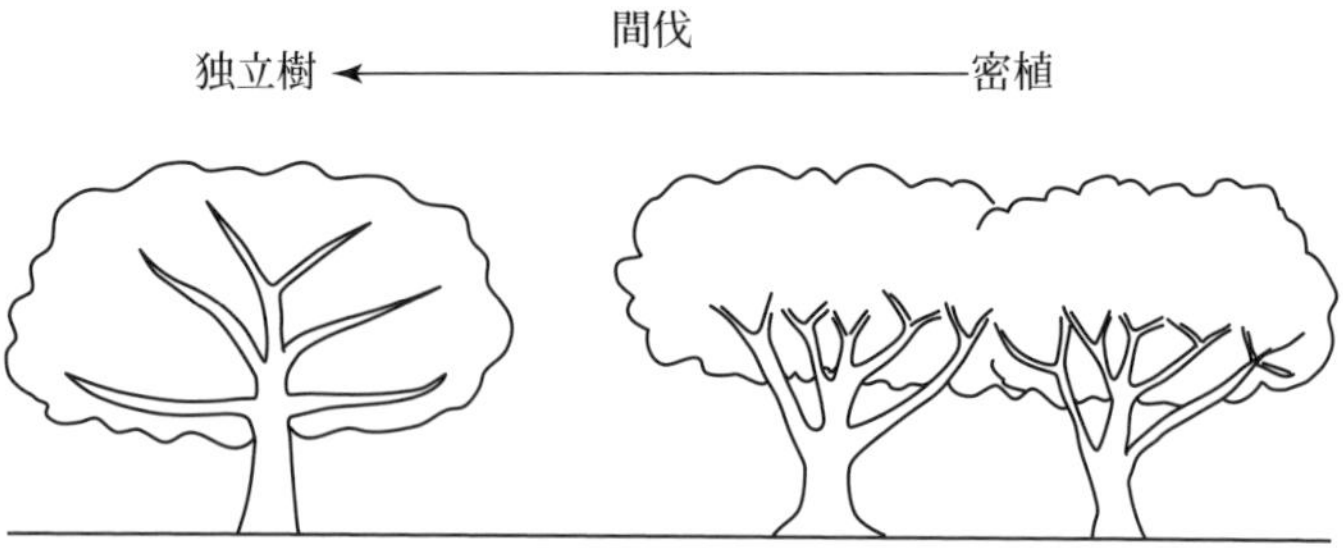

図5—9　間伐のイメージ

②果実がよくなる樹を残して間伐

樹冠が混みあってきたら、永久樹以外を縮伐していき、やがて間伐する（図5—9）。

永久樹は日常の観察により、健康状態が良好でよく結実している樹を選ぶ。樹勢が強すぎて、樹ばかり大きくなり結実しない樹は縮伐樹として早めに切り倒して品種更新をする。永久樹として残したい樹が二本、隣合わせにある場合は、作業の邪魔にならないほう、収穫のしやすいほうを選ぶ。

(2)　切り接ぎによる品種更新

①新品種の導入

樹ばかり大きくなって、いっこうに果実がならない樹がときおりみられる。こういう樹は実生樹であったり、接いだ穂の性質が悪かったりするばあいが多い。

このような樹には幹の樹皮を数センチの幅でぐるりとはぎ取り、葉で生産された光合成産物が下部の根に行かないようにすると着花が誘導されることがあるが（環状剥皮処理）、さっさと優良品種や系統に接ぎかえたほうがよい。

同じ品種でもいろいろな系統があり、筆者もカリフォルニアでその差を見聞きして驚かされた。穂木をとるばあいには、日頃から樹一本一本の性質をよく見ておき、果実のよくなる樹から採取する。安易に徒長枝などからは採取しないというのが鉄則である。

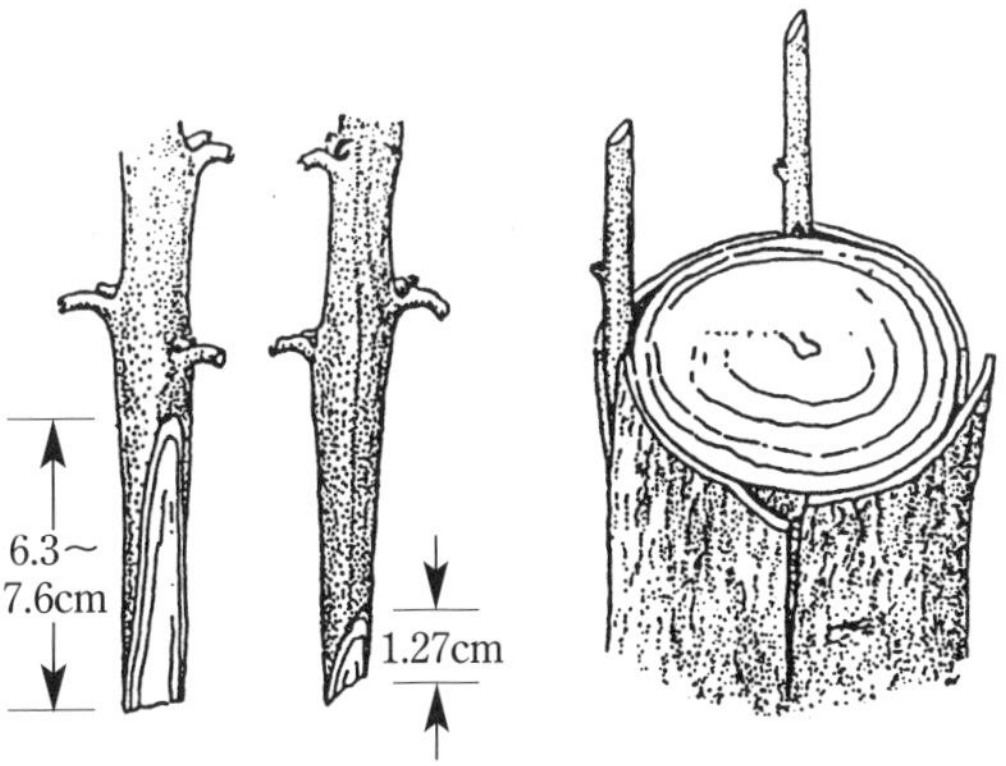

図5―10　はぎ接ぎ法

品種が一〇〇〇種を超えるアボカドでは、どの品種がその土地に適しているか、やってみなければわからないという面があるが、あまり品種ばかりを追いかけてもきりがない。いくつかの優良品種にねらいを定めたら、あとはとくに豊産性の樹を見抜いて、それを接いで増やすべきである。

②切り接ぎのやり方

品種更新の切り接ぎは、幹が電柱のように太くなったものでも行なえる。

四～五月にチェーンソウで腰高まで切り縮め、樹皮をめくって木質部と樹皮のあいだに大きめの穂木を挿入し

図5—11　はぎ接ぎから出た新しい芽
幹が白いのは日焼け防止の白ペンキを塗っているため

てやる。これを「はぎ接ぎ」という。このばあい注意しなければならないことは、幹部や切り口部が日焼けをおこさないようにすることである。水性の白ペンキを塗布してやり、接ぎ木後は穂と切り口を紙袋などで覆ってやるか、寒冷紗で日覆いをしてやる（前ページ図5—10、5—11）。

この接ぎ木のあと、台木部から発生してくる芽は早めにかき取り、穂から出た芽の生長を優先させる。この穂から出た芽が三〇センチ以上になったら、株から添え木をし、これに新梢を誘引してやる。こうすることで強風などによって新梢が折れたり、接ぎ木部から欠け落ちたりすることを防ぐ。

もしも接ぎ木が失敗したとわかったら、台木から出てくる芽をかき取らずに残し、この台木から出た芽に、再度夏に充実した穂木を接いでやることも可能である。また、翌年の同じ時期まで待って、この台芽に接ぎ木することもできる。

接ぎ木苗を定植しても寒波で枯らされてしまうような、栽培限界に近い場所では、実生苗を先に植えておき、この実生苗が大きく生長してから切り接ぎをすることで、アボカドを定着させられる。

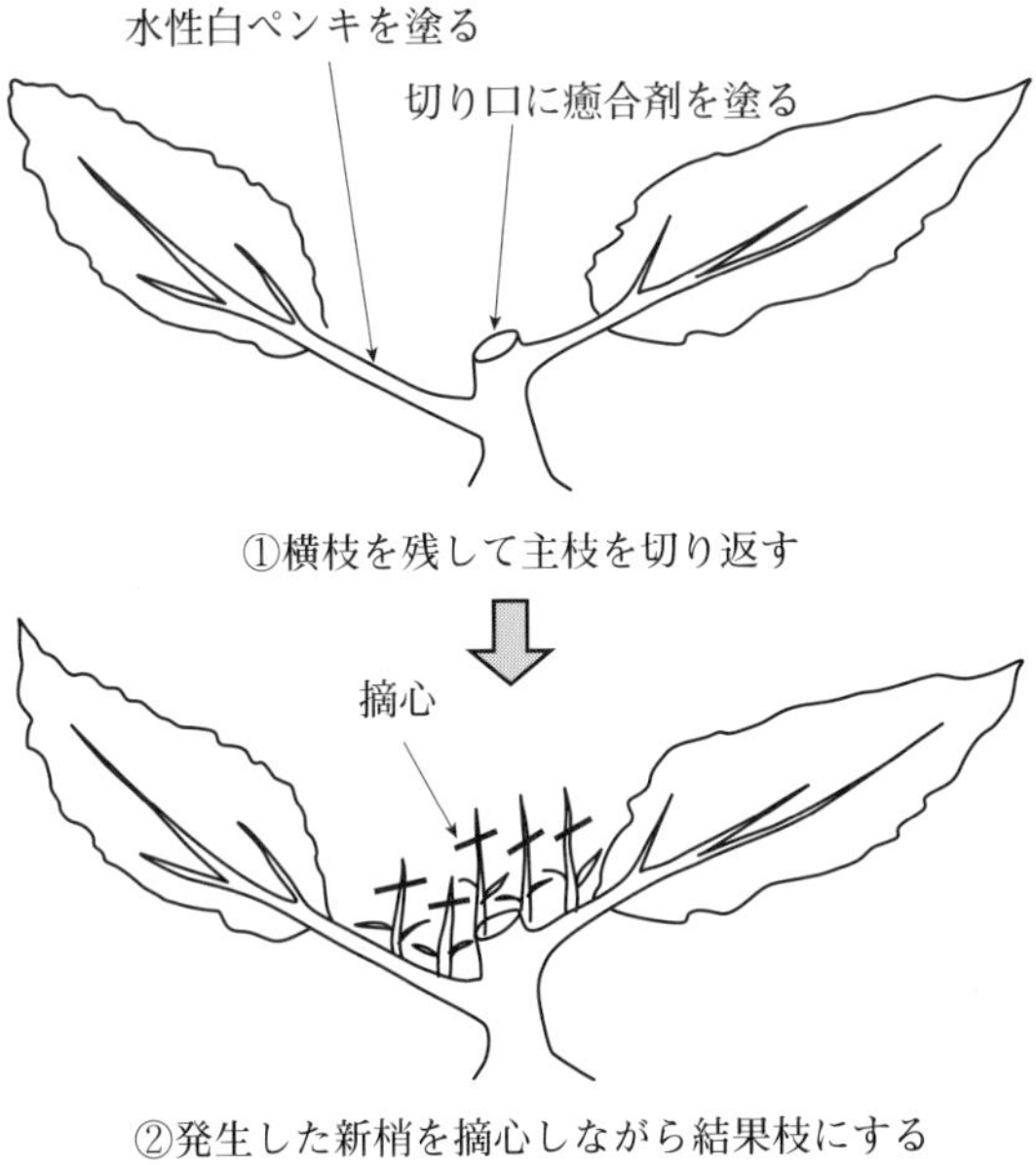
水性白ペンキを塗る
切り口に癒合剤を塗る
①横枝を残して主枝を切り返す
摘心
②発生した新梢を摘心しながら結果枝にする

図5—12　せん定による樹形改造

(3) せん定による樹形改造

定植後に摘心処理を繰り返すことで、アボカドの樹を低樹形にする方法（103ページ）と、成木で樹高が高くなりすぎた樹を株元までチェーンソウで切り返して、接ぎ木により一挙更新する方法（133ページ）についてはすでに述べた。ここでは、株元まで切り返すのではなく、横枝を生かした低樹形化について説明する。

健康な樹で、しかもある程度低い位置から太い横枝がついているばあいには、この横枝の真上で主枝を切り返す。切り口には癒合剤を塗り、横枝の上部には水性の白ペンキを塗布して日焼けを防止する。この横枝から新梢を多数発生させ、これらの新梢を摘心しながら結果枝として利用していく（前ページ図5—12）。このとき、横枝から新梢が多数発生してきたら、横枝の先端部を支柱により上向きに誘引するのがポイント。こうしなければ、横枝の基部から発生してきた新梢が徒長してしまう。

4　寒地での栽培を可能にする鉢栽培

(1)　霜にあてずに育てられる

アボカドは霜にさえあてなければ越冬できるので、冬に〇℃以下にしないようにしてやればよい。そこで大きな鉢で栽培し、夏は屋外におき、冬は〇℃以下にならない場所におくことで、最低気温が〇℃を下まわる地域でも栽培可能である。

筆者は八〇リットル容量のプラスチック製仕立て鉢に植えて、ハウス内で栽培している。八〇リットルとなると一人で持ち上げて移動することは不可能だから、タイヤ付きの器具を利用している（図5—14）。最初から八〇リットル容量を使うのではなく、最初の数年間は四〇リットル容量の鉢で栽培し、その後に八〇リットルの鉢に移植すればよい。ただし、鉢栽培のばあい自動かん水設備は必須である。

(2) 鉢や用土の選び方と準備

鉢の底には大きな穴をできるだけ多くあけ、排水をよくする必要がある。鉢の中には大粒のパーライトの層を一〇センチくらいつくり、この上に栽培用土を入れて植付ける。栽培用土には、まずフィトフトラ根腐れ病菌の含まれていない赤土を用意する。土が病原菌におかされているかどうかわから

図5−13　鉢栽培のようす

図5−14　筆者と鉢移動用具

ないばあいは、土を高温殺菌することをおすすめする。五〇℃以上で三〇分殺菌すれば、この根腐れ病菌は死滅する。用土のpHは五・〇〜六・五の酸性がよく、アルカリ土壌は使用しない。

用土の準備ができたら、この用土四に対して小粒のパーライト一、完熟したバーク堆肥一の割合で混合し、これにBMヨウリンと苦土石灰を少々加えてよく混合する。これで栽培用土はできあがりである。

(3) 開花タイプの異なる品種を揃える

何度も書いてきたように、結実性を上げるためには開花型の異なる品種を揃えなければならない。A、Bタイプの品種をそれぞれ別の鉢に一本ずつ植付け、ほ場では交互に並べておく。

さらに結実性を上げたいならば、苗木つくりの段階でいろいろな品種を接ぎ木したカクテルツリー状態の接ぎ木苗ができていれば一番よい（後述141ページ）。とりあえず「フェルテ」なり「ベーコン」なりの品種が接ぎ木してある苗木を購入して鉢に植付け、その後に発生してくる枝にほかの品種を接ぎ木することも可能である。

(4) 幼木期の管理――コンパクトな樹を目標にする

新梢が発生したら、先端部を摘心して側枝数を増やし、コンパクトな樹に育てることに努める。目標となる樹形は三年目で縦二メートル、横二メートルくらい。その後もこの大きさを維持したい。

鉢栽培ではかん水を自動化し、土壌がつねに適当な湿り気を保持しているようにする。市販のかん水タイマーを購入し、水道の蛇口にセットし、そこからホースでポットまで水を引く。ホースからは市販のドリップかん水用のノズルを購入してセットし、ポットの土壌面全面にむらなくかん水できるように、ドリップノズルの配置や数量を調節する。

砂土の場合はノズルから出た水が土中で横に広がりにくく、すぐに底部まで達して流れ出てしまうので、ドリップの数を多くして短時間でかん水するようにする。反対に粘土質の土壌では土中にゆっくり浸透するが横方向にも広く浸透するので、ドリップ数を少なくして長時間かけてゆっくりかん水する。

高度化成肥料の施肥は禁物で、緩効性化成肥料や油カスのような有機肥料を用いる。土壌表面に全面散布し、自動かん水の水が肥料にかからないときは手かん水で肥料を湿らせてやる。

緩効性肥料は水で湿ってからゆっくりと肥料分が溶け出すので、湿っている時間が長くなるようにドリップの近くに施用するのもよい。かん水時間が長すぎて、ポットの底から浸透した水が長時間流れ出るようだと、肥料分を流出させていることになるから注意する。施肥量が多すぎて、葉の先端部が茶色く枯れる症状（ティップバーン）が発生した場合には、かん水時間を長くして、余分な肥料を洗い流すようにする。

葉の先端部に葉焼けをおこすようなら、施肥過剰かかん水不足である。アボカドは一度乾燥ストレスを与えると、なかなか回復しないので、注意する。

(5) 成木期の管理――着果率を上げるよう工夫する

接ぎ木苗のばあい、早いものでは植付けた翌年から着花する。この樹の花はたいてい落花するが、近所にアボカドの大きな樹があるばあいには、この樹の花に訪花した昆虫がポット栽培の花にも飛来して受粉してくれる可能性が高くなるため、このような幼木でもときたま着果することがある。

何十年間も鉢栽培するわけではないから、AとBの両タイプの品種を組み合わせて、できるだけ早くから着果させるようにしたい。開花期間中に平均気温が一七℃以下にならないような工夫とミツバチなどの訪花昆虫が集まりやすい工夫をする。

気温を上げるにはビニールなどで覆う必要があるが、これでは昆虫の侵入を遮断してしまう。こういう場合は太陽が出たら換気窓を大きく開けて訪花昆虫が侵入しやすいようにし、夕方に日が陰るかなり前から換気窓を閉じて保温する。アボカドの花には独特な香りがあるので、昆虫は自然と訪花してくれる。それでもこない場合には、香りの強い花をバケツに入れてアボカドのそばに置くことで、ミツバチを集めることができる。一度アボカドに飛来したミツバチは、その後何度でも飛来するので、ミツバチ寄せのために使った花は必要なくなる。

このようにすれば幼木から結実させることができる。あとは樹が衰弱しないように、施肥とかん水を行なえばよい。

5　家庭で楽しむ鉢栽培は「カクテルツリー」で実現！

一本の樹に枝ごとにいろいろな品種を接ぎ木することをカクテルツリーという。カクテルツリーにすることで、一本の樹からいろいろな品種の果実を楽しむことができる。といっても、アボカドの樹にリンゴやオレンジを接ぎ木することはできないが。

まず、四〇リットル容量程度の鉢で台木用の実生苗を育成する。地上部五〇センチ程度で切り返しを行ない、側枝三〜四本を発生させる。これらの側枝を支柱に誘引して上方向にのばし、親指の太さ程度まで生長させる。それぞれの側枝を基部から一〇センチ程度で切り返し、そこに栽培したいアボカド品種を接ぎ木する。三本の側枝があれば三品種を接ぎ木できるが、このとき、開花習性がAとB両タイプの品種を接ぐようにしてやることで、受粉効率を高めることができ、着果率も上がる。

接ぎ木が活着したあと、樹勢の強い穂木は斜めに誘引し、弱い穂木は直立になるよう誘引して、すべての穂木が勝ち負けなくバランスよく生育するように誘引角度で調節する。

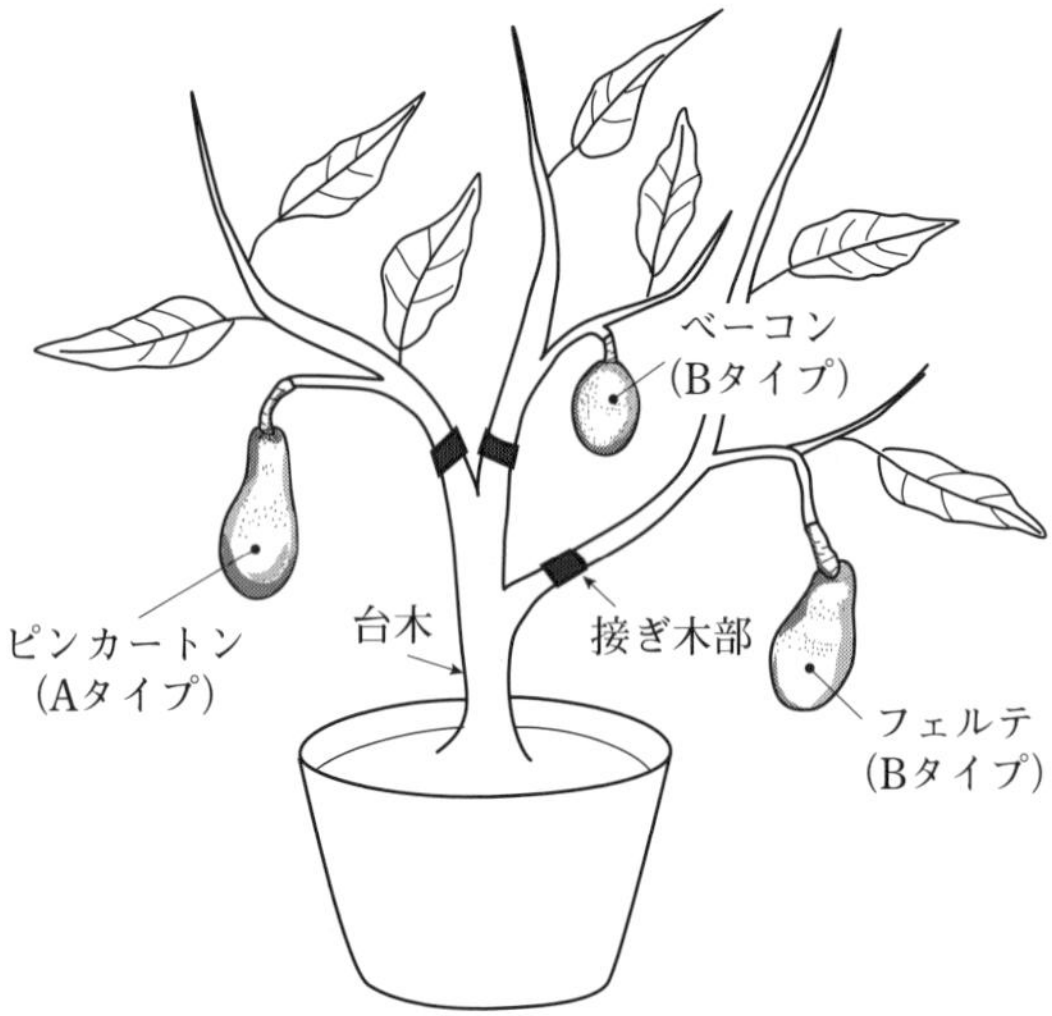

図5—15　アボカドカクテルツリー

台木に「ベーコン」「フェルテ」「ピンカートン」を切り接ぎする

第6章　篤農家の経営事例

橋爪農園
――二〇年生のアボカドをすべて自分で売り切る。インターネット産直も行なう

和歌山県・橋爪道夫さん

橋爪農園は和歌山県海南市下津町のミカン産地の中にある。園地は標高五〇メートル程度の傾斜地にあり、海岸部に近いことから、冬季の寒害が少ない。土壌は比較的深く、排水性もよい。耐寒性の弱い「ハス」が栽培できるほど温暖な土地で、アボカド栽培に適している。ただし、山頂部までミカン畑として開かれているため、山全体の保水性は低く、夏には干ばつを受ける危険性もある。近くに海南市や和歌山市という消費地があり、大阪の大消費地にも近い。

経営のあらまし　橋爪農園

立地	和歌山県海南市下津町の海岸部に近い標高50m程度の傾斜園地。海岸部に近いことから,冬季の寒害が少ない。土壌は比較的深く,排水性もよい
作付けしているアボカドの品種と作付け面積	ベーコン（10a），ハス（0.1a）
アボカド以外の作目とその作付け面積	ミカン（60a），キウイフルーツ（20a），ホワイトサポテ（5a），水耕キュウリ（500坪）
アボカドの年間生産量	600kg
販売方法	直販，インターネット産直（バーチャル和歌山 http://wiwi.co.jp/vwakayama/wiwi/shop/K1306/intro/index.html），市場出荷
働き手	園主夫婦と息子夫婦の計4名

現在は、二〇年生の成木（品種は「ベーコン」と「ハス」）を栽培している。この苗木は、筆者が和歌山県果樹園芸試験場に勤務していた二〇年ほど前に、接ぎ木苗二〇〇本程度を県下の栽培希望農家に配布したものの一部である。

橋爪さんは下津町の急傾斜地ミカン畑（階段畑）でミカンの栽培をしていたが、一九八五年にキュウリの水耕栽培を手がけたためにミカン園まで手がまわらなくなったことから、手間のかからないアボカドに植えかえたものである。ミカン樹の間にアボカドの接ぎ木苗を植付け、その後二年間ミカン栽培を続けたのちミカン樹を伐採して、アボカドのみの栽培とした。施肥はほとんど行なわなかったが、ミカン園跡地で土壌が肥沃なため、樹の生育が旺盛で、樹の頂上まで収穫できないほど樹高が高くなった。

当初は生産量も少なかったことから、近所のスーパーに出荷していたが、現在は生産量が多い年には東京にも出荷できるほどになっている。出荷にはデコポンの五キロ箱を用い、一果ずつフルーツキャップに包んで出している（図6—2）。市場では当初、一果二〇〇円程度と安値でたたかれたが、最近では一果三〇〇円（キロ当たり一〇〇〇円）までになった。

図6—1　橋爪道夫さんとアボカド

図6—2　橋爪農園のアボカドの箱詰め（「ベーコン」）
1果ずつていねいにフルーツキャップで包み出荷する

最近はインターネットでも注文を受付けており、優品まで完売できるほど人気がある。果実を二〜三キロ入りの箱に詰めて宅配便で送り、一キロ一〇〇〇円で販売している。

現在、橋爪農園では、栽培面積を増やすために自分で苗木の生産も行なっており、余った苗木は、県内の栽培希望者にも提供することを考えている。橋爪さんの特徴は、枯れ枝の除去と混みあった枝の間引きを行ない、炭そ病を予防して、減農薬栽培にこだわっていることである。

（連絡先：橋爪道夫　和歌山県海南市下津町中三八五　TEL〇七三―四九二―一一六九）

窪農園
――和歌山県北、低温になる内陸の山の園地で栽培

和歌山県・窪昌美さん

窪農園は和歌山県紀ノ川中流の竜門山の麓に位置する。かつてはミカンやネーブルオレンジ、ハッサクなどカンキツ産地であったが、現在ではカキ、ウメ、キウイフルーツの産地にかわった。近くに和歌山市の消費地があり、近年では紀ノ川すじに多くの農産物直販店ができ、多くの消費者が大阪から自家用車で買い物に来る。

二〇年生の成木（品種は「フェルテ」と「ベーコン」）を栽培している。この苗木も橋爪農園同様、

経営のあらまし　窪農園

立地	和歌山県紀ノ川中流の北東に面した傾斜園。標高50m程度の傾斜園地。内陸部に位置することから，冬季の寒害が問題。土壌は比較的深く，排水性もよい
作付けしているアボカドの品種と作付け面積	ベーコン（2a），フェルテ（2a）
アボカド以外の作目とその作付け面積	ウメ（70a），カキ（40a），キウイフルーツ（40a），ミカン（30a），スモモ（30a）
アボカドの年間生産量	200kg
販売方法	直販
働き手	園主夫婦の計2名

二〇年ほど前に筆者が栽培希望農家に配布したものである。一九八七年、窪氏は紀ノ川中流の竜門地区でネーブル栽培を行なっていた畑にアボカドを植付けた。その後はネーブル畑の肥料を吸って樹ばかりが旺盛な生長をし

図6—3　窪昌美さんとアボカド

て、なかなか結実しなかったが、一〇年目くらいから樹の生長が落ち着いてくると結実するようになった。

現在は国産のアボカドの品質のよさが認められリピーターも多く、近くのＪＡ直売所に出荷すれば、一個二五〇円で飛ぶように売れるそうだ。

窪農園は標高五〇メートル程度の北東に面した傾斜園地で、かなり内陸部に位置するため、冬の寒害が問題になる。和歌山県北部は毎年数回の積雪があり、最低気温もマイナス五℃を記録することがある。和歌山県中部の有田川流域ならまだしも、紀ノ川流域でアボカドなど育つはずはないと筆者も最初は思っていた。しかし実際は結実している。

寒害対策として窪さんは、とくに寒さに弱い幼木期のあいだ、樹をコモで巻いている。これはこの地域のカンキツ農家が昔やっていた冬の防寒対策で、それをアボカドに応用したものである。これによって寒さで樹が大きく枯れてしまうことが減った。このコモ巻きは二年生の樹まで行なっているそうだが、窪さんの園が北東斜面にあり、北西の冷たい風を受けない立地条件にあることもプラスにはたらいている。

アボカド栽培が難しいと思われるような地域でも、このようにスポット的に栽培可能な場所があることに驚かされるし、それを可能にした努力にも敬意を払いたい。

ただし、年によっては寒害を受けて収量が激減することもあるそうで、もう少し耐寒性のある品種はないものかと模索中である。窪さんも減農薬栽培にこだわっており、枯れ枝の除去と混みあった枝の間引きを行なって、炭そ病を予防している。

（連絡先：窪昌美　和歌山県紀の川市荒見　TEL〇七三六—七三—三四二二）

仲野農園
——引き倒し整枝による、台風に強い低樹高の樹つくり

沖縄県・仲野幸雄さん

沖縄県石垣島の川平湾の近くに位置する仲野農園は、亜熱帯気候、台風の常襲地帯で、夏には干ばつ被害の危険性もある。離島というハンディを負いながら、近くのスーパーで直売している。

仲野さんは三〇年前から世界中のさまざまな熱帯果樹を収集し、自分で育成した台木に導入した穂木を接ぎ木して栽培している。苗木は近所の栽培希望者にも配布している。

仲野さんの栽培の特徴は収集した品種や品目の多さもさることながら、台風対策として樹高を二・五メートル以下に抑える整枝を行なっていることである。接ぎ木苗を三年ほどで高さ三メートルに生長させ、株元を少し掘り上げ、そこにかん水しながら根部の土壌をドロドロ状態にして樹を横方向に引き倒す。主幹を一度地面に接地させ、そのまま主幹から発生する枝を斜め上方向に誘引しながら伸

経営のあらまし　仲野農園

立地	沖縄県石垣市川平湾のそばの標高 20m 程度の平坦園地。冬季の寒害はないが，台風常襲地帯なので強風害と塩害が多い。土壌は比較的深く，砂壌土で排水性もよい
作付けしているアボカドの品種と作付け面積	タイから導入した西インド諸島系品種（品種名は不明）（5a）
アボカド以外の作目とその作付け面積	ゴレンシ（5a），アテモヤ（2a），レンブ（2a），マンゴー（2a），その他熱帯果樹 25 品目（10a）
アボカドの年間生産量	300kg
販売方法	スーパーで販売
働き手	園主１名，定年退職後の趣味の園芸

図6―4　仲野幸雄さんと引き倒したアボカド
台風対策で樹を引き倒し，低樹高化を実現している

ばす。株元から発生する徒長枝は主幹を倒した方向以外に誘引して、横方向に伸ばして別の主枝とする（図６―５）。このようにしてつくった三本の主枝から発生する亜主枝は徹底した摘心で多数の

側枝を形成し、これに結実させる。

栽培品種は不明であるが、仲野氏が三〇年前にタイのカセサート大学から導入したもので、西インド諸島系と思われる豊産性のものである。三月ころに開花し、多くの果実が着果するため、四～五月にかけて一花房一果になるよう摘果している。仲野氏は石垣島で熱帯果樹が栽培できることを実証してきた希有な人であり、観光目的や島民の食生活の向上のためにも、熱帯果樹の栽培をもっと盛んにしたいと情熱を傾けている。熱心に育ててくれる人という条件つきで、いろいろな熱帯果樹の苗木を配布している。

図6―5　新梢誘引

引き倒した樹から発生した徒長枝はヒモを使って横方向に伸ばす

（連絡先：仲野幸雄　沖縄県石垣市新川六四
TEL〇九八〇―八二―六〇四二）

第7章　アボカドの調理、加工、利用法

1　おいしい食べ方紹介

(1)　家庭での追熟法

果実の追熟適温は一五〜二五℃である。冷蔵庫に長く置いておくと果肉が黒くなったり、果実内の維管束が黒くなったりするので、収穫後（買ってきたあと）は冷蔵庫には入れずに、追熟適温に置いてやる。

一般家庭では、フルーツバスケットに入れて食卓の上に置いておき、室温で追熟させて軟化したも

のから食べる。

追熟を急ぎたい場合には、二五℃程度の温度になる場所に置く。高温で追熟させる場合には、果実の傷口からカビが発生することがあるので、湿度が高くならない場所で行なう。

さらに、追熟を急ぎたい場合は、ポリエチレンの袋にリンゴ一個と一緒に密封して二四時間ほど置き、その後果実を取り出して二五℃程度になる場所に置いて追熟させる。リンゴの代わりにバナナやアルコール数ミリリットルと一緒に密封してもよい。

この場合、ポリエチレン袋内には果実体積の数倍の空気が入ることが必要である。果実にぴったりとポリエチレン袋が密着するような詰め方をすると、酸素欠乏になってかえって追熟が遅延する。

国産アボカドは果皮が薄く緑色で、追熟中に果皮に黒い炭そ病の斑点がでてくる場合があるが、軟らかくなったらその部分を削りとって食べれば問題はない。

(2) 食べごろの判定法

スーパーで売られているアボカドは熟してくると果皮が黒紫になるのが特徴の「ハス」という品種である。これは果皮が黒くなって、やや軟らかくなったら食べごろになる。

国産の「フェルテ」や「ベーコン」は熟しても果皮が黒くなることはなく、緑色のままの品種だ。果皮がやや萎れ、指先でやや軟らかみを感じたときが食べごろになる。

指先の感触で食べごろを判断できるようになるには経験が必要である。「ハス」の果皮は厚いのでやや硬めに感じても果肉はすでに軟らかくなっている。しかし、果皮の薄い「フェルテ」や「ベーコン」では、やや硬めに感じるときにはまだ果肉も完全に軟化していない。果皮の薄い品種では、「ハス」のばあいよりももっと軟らかさを感じるようになったときが食べごろである。

(3)　果実の切り方

まず果実を手にもち、縦に包丁を入れる（図7―1―①）。果実のまん中にビワの実くらいの大きなタネが一つ入っているので、包丁の刃先がこのタネに当たるまで切り込み、タネのまわりをぐるりと一周切り、果実の両側をもってねじってやれば縦に真二つに分かれる（図7―1―②）。

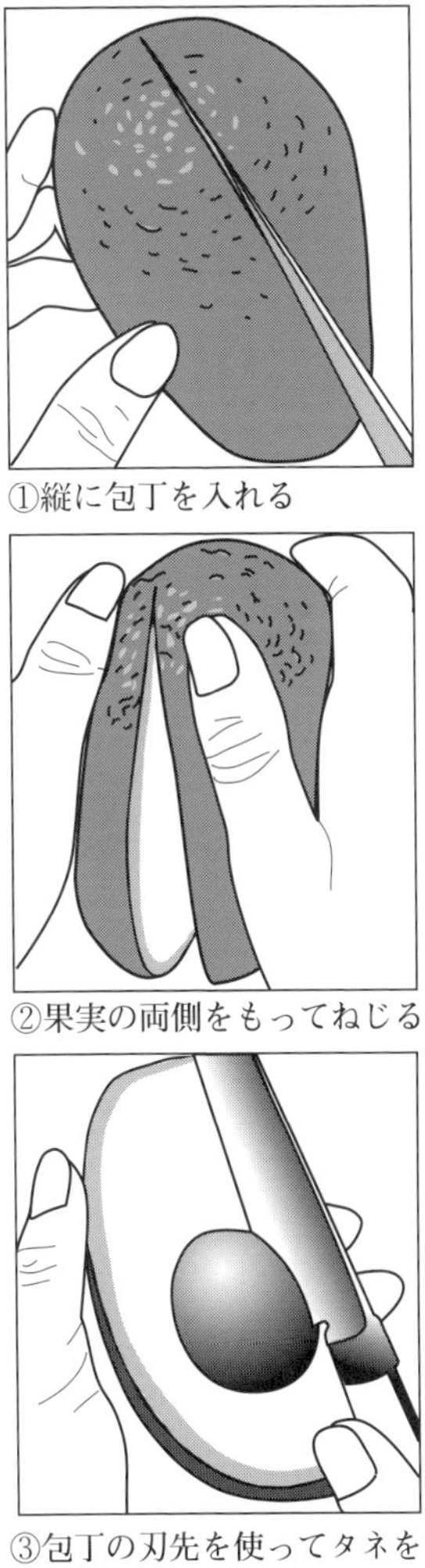

①縦に包丁を入れる

②果実の両側をもってねじる

③包丁の刃先を使ってタネを取り出す

図7―1　アボカドの切り方

図7—2　スライスした果肉

このときにタネはどちらか一方の果肉にくっついたままになることがあるので、そのときは包丁の手前の角張った刃先をタネにポンと刺して、果肉からえぐり取るようにはずす（図7—1—③）。

縦に割った果実の果皮を包丁ではぎ取り、果肉をスライスしてサラダやサンドイッチに使う（図7—2）。アボカドディップやジュースなどに使用するばあいは、果皮をはがずに、果肉をスプーンなどでえぐり取ってやる。上手にやれば、手をまったく汚さないで果肉を取り出すことができる。

2　アボカドのいろいろな調理法

(1)　寿司（カリフォルニアロール）

カリフォルニアで考案されたアボカド巻き寿司を、カリフォルニアロールと呼ぶ。この巻き寿司は

図7－3　カリフォルニアロール

すでに世界的な寿司として認知され、外国人にも好まれている。

特徴は、ノリと酢飯が逆になるように巻くことである。ふつうはノリの上に酢飯を広げ、その上に具材を並べてそのまま巻くが、カリフォルニアロールではまきすの上に酢飯を広げてノリをかぶせ、ノリの上に直接具材を並べて巻く。でき上がった巻き寿司の外側がノリではなく酢飯になるのだ。これは外国人がノリのことをシーウィード（海の雑草）と呼んで、ノリが外側になることを好まないことから考案されたものである。

外側が酢飯の白色では色彩感に乏しいことから、トビコやゴマなどの具材を振りかけたものもあり、非常にきれいで食欲をそそる。

【材料】（巻き寿司二本分）

熟したアボカド一個、カニ風味カマボコ（カニカマ）二本、巻き寿司用ノリ二枚、酢飯一合、好みの彩り具材（トビコやゴマなど）適宜

【つくり方】

①アボカドの果肉を巻き寿司のネタとして、短冊状に切る。

②まきすの上に酢飯を広げる。
③その上にノリを広げ、アボカドとカニカマを乗せて巻く。
④好みで、外側にトビコなどの具材をまぶして、食べやすい大きさに切り、皿に盛りつける。

(2) 天ぷら

追熟が完了しないうちに果実を切ってしまっても、この硬めの果肉を捨ててしまってはいけない。やや硬めの果肉も軟化した果肉も、衣で包んで天ぷらにすれば、適度に軟らかくなり、おいしくいただける。変わりダネの天ぷらとして楽しんでみてはいかがか。

【材料】（四人分）

アボカド一個、薄力粉一カップ、卵一個、冷水四分の三カップ

【つくり方】

①アボカド果肉を適当な大きさにスライスする。
②天ぷら衣で包み、一八〇～二〇〇℃の油で揚げる。
③浮き上がってきたらできあがり。

(3)　海の幸サラダ

魚介類とアボカド果肉を一緒にオリーブオイルとドレッシングで和えて、海の幸サラダとしても、アボカドの味が引き立っておいしい。

【材料】（四人分）

熟したアボカド二個、レタス三～四枚、マグロ水煮か油漬け大さじ三、ゆでた小エビ（皮をむいたもの）大さじ三、カニのほぐし身大さじ三、ゆでダコの薄切り大さじ三、ニンニク（すりおろしたもの）小さじ三、オリーブオイル大さじ四、レモン果汁大さじ二、塩少々、コショウ少々

【つくり方】

①アボカド果肉を二センチくらいの角切りにして、レモン果汁をかけておく。

②オリーブオイル、レモン果汁、塩、コショウ、ニンニクを混ぜてドレッシングをつくり、このドレッシングで①と、マグロ、エビ、カニ、タコを一緒に和える。

③皿の上にレタスを敷き、和えたものを盛りつける。

(4)　サンドイッチ

ベーコンの香ばしい塩味とアボカドのとろみが絶妙な旨味を醸しだす。

図7―4　アボカドサンドイッチ

【材料】（一人分）

熟したアボカド二分の一個、食パン二枚、ベーコン二枚、レタス一枚、アルファルファのモヤシ少々、マヨネーズ適宜

【つくり方】

①食パンにマヨネーズを塗る。

②①の上にレタス、スライスしたアボカド果肉、カリカリに炒めたベーコン、アルファルファのモヤシの順に乗せ、マヨネーズを塗った食パンをかぶせてできあがり。

(5)　グワッカモレ

グワッカモレとはメキシコ料理の定番タコスに入れたり、コーンチップスにのせて食べるアボカドソース。チリソース味のコーンチップスにのせて食べると、ビールのつまみに最適。ビールを飲めない人でも楽しめる簡単な料理で、短時間でつくれるので、急な来客にも便利。

【材料】（四人分）

熟したアボカド一個、トマト小玉一個、タマネギ小玉四分の一個、レモン二分の一個、サルサソ

ース一カップ、塩少々、タバスコ少々

【つくり方】

①アボカド果肉をスプーンですくい取って深めの鉢に入れ、スプーンやフォークで果肉が小さくなるようにつぶして、レモン果汁をたっぷり振りかけてかき混ぜる。レモン果汁は、アボカドの果肉が酸化して黒く変色するのを防いでくれる。

②①に、みじん切りにしたタマネギと一センチ角に切ったトマトを加え、サルサソースを加えてかき混ぜる。

③好みに応じて塩、タバスコを加えて味を調整する。

図7—5　メキシコ料理のグワッカモレ

(6)　アボカドとヨーグルトのディップ

棒状に切った野菜をよりトレンディーに食べるためのディップ。マヨネーズで食べるよりちょっと変わった味わいを楽しめる。グワッカモレはチップスと一緒に食べるのに対して、こちらは棒状に切った野菜とともに食べる。

【材料】（四人分）

熟したアボカド二分の一個、プレーンヨーグルト一〇〇グラム、タマネギ四分の一個、ニンニク（好みで）二分の一片、マヨネーズ大さじ一、塩・コショウ少々

アスパラガス六本、ニンジン（皮を除く）二分の一本、キュウリ一本

【つくり方】

①キッチンペーパーを敷いたザルにヨーグルトを乗せ、冷蔵庫の中で一時間水切りする。

②アスパラは硬い部分を除いて半分の長さで切り、沸騰した湯でゆでる。ニンジンとキュウリは一二～一三センチの長さの棒状に切る。

③アボカド果肉はフォークでつぶす。タマネギはみじん切りにして一分くらい水にさらし、水気を切る。ニンニクはすりおろす。

④ボールに①と③、マヨネーズ、塩、コショウを入れて混ぜ合わせる。

⑤食器に盛りつけ、野菜につけて食べる。

(7) ミルクセーキ・アイスクリーム

サラダしか食べたことのない人にとっては意外なおいしさかもしれないのが、このアボカドのミルクセーキとアイス。アボカド独特の香りが新鮮である。

アイスにすればアボカドのとろみがよいのか、とてもクリーミーな仕上がりになる。

【材料】（四人分）

熟したアボカド二個、牛乳一カップ、パイナップル果汁二分の一カップ、オレンジ果汁二分の一カップ、レモン果汁二分の一カップ、砂糖小さじ一と二分の一、塩小さじ四分の一

【つくり方】

①牛乳に砂糖を溶かす。
②ミキサーに①とアボカド果肉、レモン果汁を入れてかける。
③②にパイナップルとオレンジの果汁、塩小さじ四分の一を加えて再度ミキサーにかける。
④冷蔵庫で冷やす。
⑤砂糖の代わりにハチミツを使うとより栄養価の高いミルクセーキとなる。
⑥このミルクセーキを凍らせればアイスクリームになる。

(8)　アボカドスープ

アボカドのなめらかな口当たりとレモンの香りの洒落た味の冷製スープ。クレソンの葉を浮かせて飾ると、見た目もきれいです。

【材料】（四人分）

熟したアボカド二個、生クリーム二分の一カップ、牛乳二分の一カップ、レモン三分の一個、鶏ガラスープ（固形）一個、クレソン適宜、塩少々

【つくり方】

①鍋に水二カップをそそぎ鶏ガラの固形スープを一個と、塩を茶さじすり切り一杯入れて火にかける。煮立ったら生クリームと牛乳を入れ、混ぜ合わせて一煮立ちしたら火をとめて冷ます。

②アボカドの果肉を裏ごししてレモン三分の一個を搾って混ぜ、ここへ①を少しずつ入れて、ていねいに混ぜ合わせる。

③②を冷やす。

④クレソンの葉先をちぎって洗い、ふきんを使って、水気を切ってからスープの上に浮かせる。

(9) アボカドとライムのスフレ

アボカド果肉のクリーミーな舌ざわりとライムのさわやかな香りを生かした冷製スフレ。ホイップクリームをのせ、木イチゴや砕いたナッツなどできれいに飾っていただきます。

【材料】（四人分）

熟したアボカド一個、ライム果皮をけずって、みじん切りにしたもの大さじ二、ライム果汁大さ

じ六、卵黄四個、卵二個、ハチミツ二分の一カップ、ホイップクリーム二カップ、木イチゴや砕いたナッツ適宜

【つくり方】

①アボカド果肉をミキサーでピューレにする。
②ライムの果皮と果汁を①に混ぜる。
③ミキサーに卵黄と卵とハチミツを入れて、よく撹拌する。
④②と③を混ぜ、これにホイップクリーム適量を混ぜ込む。
⑤皿に盛りつけて○℃で凍らせる。
⑥凍らせた⑤の上にホイップクリームをのせ、その上に生の木イチゴや砕いたナッツなどを振りかけ、もう一度凍らせて完成。

(10)　アボカドの酢の物

篤農家の経営事例（143ページ）でも紹介した和歌山県海南市の橋爪さんに教えていただいた食べ方。酢で和えることでアボカド独特の青臭さが消え、さっぱりしていながらクリーミーな酢の物になる。若い人からお年寄りまでたいへん好評な料理である。

【材料】（四人分）

熟したアボカド一個、キュウリ一個、刺身用のホタテ四〜五個（タコでもよい）、酢三分の一カップ、砂糖大さじ三、めんつゆの素小さじ二分の一、だし昆布四〜五センチ角、レモン二分の一

【つくり方】

①鍋に酢、砂糖、めんつゆの素、だし昆布を入れ、火にかける。砂糖を溶かしたら、沸騰する直前に火を止めて、冷ます。

②ホタテの貝柱をさっと湯にとおす。

③キュウリを千切りして軽く塩をふる。

④アボカドをスライスし、レモン果汁をかけておく。

⑤②〜④を①に入れてざっくりと混ぜ、皿に盛る。

(11) レンジアップアボカド

ある主婦が偶然発見した食べ方。食べごろのアボカドが入手できないときの応急処置として、アボカドをラップで包みレンジでチンする。

そうすると、果肉が軟らかくなり、ゆで卵の黄味のような食感になる。これを冷ませば追熟して軟化したアボカドと同じような食べ方ができる。ただし、風味はやはり自然に追熟させたものには劣る。

3　食品以外の利用・加工

(1)　アボカド加工の歴史

アボカドの加工は一九〇〇年初頭から始まった。当初は果肉のペースト化、乾燥、漬け物、オイル抽出などが行なわれたが、どれもうまくいかなかった。一九三〇年代に「カラボ」(カルフォルニアアボカド生産者協会California avocado growers cooperative) がアボカドオイルと果肉の加工に成功し、これらがアイスクリーム工場やケーキ加工場で使われるようになった。その後、メキシカンフードであるグワッカモレが五〇日間貯蔵できる技術が開発されたことから、現在では果肉加工製品のほとんどが、グワッカモレとしてホテルや外食産業で使われている。

果実の加工は、近年の健康ブーム、加工技術の発達、メキシコ料理の知名度の向上という背景から、重要性が増してきている。

(2)　オイル

アボカドオイルには多くのビタミンA、B、GやEおよびオレイン酸が含まれている。オレイン酸はコレステロールにならない一価不飽和脂肪酸である。アボカドのオイルは安定度が高く、天ぷら油や製菓用に適しているが、単価が高いのであまり使われていない。このオイルは天然の高品質オイルで、肌のかぶれなどをおこしにくく、また、肌に馴染みやすいことから、もっぱら高価格の化粧品や医薬として使われ、ときに石鹸などにも使用されている。

アボカドオイルの抽出は果肉やタネの遠心分離法、圧縮法、温湯処理法などで行なわれるが、これらの方法では抽出効率が低い。抽出効率が高いのは化学溶媒による抽出で、エタノールとヘキサン一：一の混合溶媒を用いて果肉から抽出される。さらに抽出効率を高めるには、カルシウム塩を加えて酵素による分解を行ない、細胞から油分を離れやすくしてから溶媒抽出を行なう。

果肉をあらかじめ切り、八〇〜九〇℃（ときには一二〇〜一三〇℃）で乾燥させたあとに圧縮法や溶媒法で抽出するほうが低コストで、全含有オイルの九〇％程度まで抽出できるため、より一般的に行なわれている。しかし、高温にすることで香りが低下したり、葉緑素が残ってオイルに青みが出たりするため、品質低下につながる。

抽出されたオイルをさらに精製する必要があるばあいには、炭によるクロロフィルの濾過、蒸気や真空ポンプを用いた脱臭を行なう。

(3) 石　鹸

アボカドオイルは、皮膚への浸透性は高いが、アレルギー性は低く、皮膚を柔らかくする機能があり、日焼け防止にも効果的といわれている。そのため整髪剤、素肌ケア用栄養クリーム、ハンドローションや化粧石鹸などに加工される。ブラジルでは全収量の三〇%がオイル抽出用にまわされ、抽出されたオイルの三分の一が化粧品製造へ、三分の二が石鹸加工に向けられるそうだ。

石鹸の製造法には、脂肪酸中和法とケン化法（直接ケン化法、メチルエステルケン化法）がある。一般的には油脂を直接ケン化するより、脂肪酸を中和するほうが、より白く、より匂いの少ない石鹸となる。安価な石鹸は中和法で、高級とされる石鹸はケン化法で製造されるが、石鹸の品質は使用する油脂の新鮮さにより左右されるともいわれる。

石鹸に使われる植物オイルには、アボカドオイルのほかにオリーブオイル、ココナッツオイル、パームオイルなどさまざまある。アボカドオイルは栄養価が高くスキンケアに向き、保湿効果に優れることから、乾燥肌、老化肌に効果があるといわれ、ベビー用石鹸にもよく使われている。

(4) アボカドの毒性

未熟なアボカドには毒があるといわれる。これは、果皮にある二種類の樹脂をモルモットに皮下注射したところ、毒性を示したことからも証明されている。

アボカドのタネを砕いてチーズやコーンミールと混ぜたものが、ネズミの駆除剤として使われるというが、それほどの効果は期待できないようだ。なぜならタネからの抽出物質をモルモットに注射しても、数日間の異常興奮状態と食欲不振をまねいただけとの報告もあるからだ。

タネには一三・六%のタンニン、一三・三%のデンプンが含まれ、タネから抽出したオイルにはカプリン酸〇・六%、ミリスチン酸一・七%、パルミチン酸二三・四%、ステアリン酸八・七%、オレイン酸一五・一%、リノール酸二四・一%、リノレン酸二・五%のアミノ酸が含まれる。これらはすべて有益なアミノ酸である。

乾燥種子中にはステロールと有機酸を含む黄色いワックスが一・三三%含まれている。また、タネと根には食品の腐敗を防止する抗菌物質が含まれているとの報告もある。

アボカドの葉からはドーパミンが発見され、葉中のオイルにはメチルカビコール（methyl chavicol, $C_{10}H_{12}O$）が含まれている。アボカドの葉を家畜に食べさせると、ウシ、ウマ、ウサギやヤギが乳房炎を引きおこすとされ、多量に食べさせたばあいにはヤギが死亡したとの報告もある。

樹皮にはアニス臭がする精油が三・五%含まれ、そのほとんどはメチルカビコールである。

(5) インクとしての利用

タネからはアーモンドと同じ匂いと味がする乳液が採れる。これにはタンニンが多く含まれ、空気に触れると赤色に変色するので、この性質を利用して消えにくいインクが製造され、スペイン人がアメリカ大陸に侵攻した際に多く用いられたそうだ。

このインクは綿やリネンの織物の染色にも利用された。また、グアテマラでは樹皮を熱湯に入れて抽出した液で繊維を染めるそうだ。

著者略歴

米本　仁巳（よねもと　よしみ）

昭和29年、和歌山県西牟婁郡日置川町（現在は白浜町）で生まれる。

昭和49年度派米農業研修生（現在は国際農業者交流協会）として2か年間ワシントン州、アリゾナ州、カリフォルニア州で農業実習。研修終了後、カリフォルニア州立ポリテクニック大学パモナ校へ留学。昭和56年に同大学果樹産業科を卒業後、和歌山県果樹園芸試験場などを経て、国際農林水産業研究センター熱帯・島嶼研究拠点（沖縄県石垣市）で熱帯果樹栽培研究に従事。平成21年から6年間、北海道でマンゴーやアボカド等のハウス栽培研究を行ない、ハウス栽培することでアボカドの収量が著しく増加することを実証した。また、熱帯・亜熱帯果樹の栽培研究に長年従事し、多くの優良品種を我が国に導入した。平成27年4月からは、日本熱帯果樹協会の代表理事として、また、フリーのコンサルタントとして熱帯果樹の普及に努めている。

◆新特産シリーズ◆

アボカド

—露地でつくれる熱帯果樹の栽培と利用—

2007年 3 月 5 日　第 1 刷発行
2023年 3 月 10日　第13刷発行

著者　米本　仁巳

発行所　一般社団法人　農山漁村文化協会
郵便番号 335-0022　埼玉県戸田市上戸田２－２－２
電話 048 (233) 9351 (営業)　048 (233) 9355 (編集)
FAX 048 (299) 2812　振替 00120-3-144478
URL https://www.ruralnet.or.jp/

ISBN978-4-540-06192-9　製作／(株)農文協プロダクション
〈検印廃止〉　印刷・製本／凸版印刷(株)

Printed in Japan　定価はカバーに表示